作文力ドリル

作文の基本編　小学高学年用

小論文・作文専門指導
白藍塾塾長
樋口裕一

Gakken

おうちの方へ

すべての学力の基礎としての『作文力』

国語力こそがすべての科目の基礎です。

国語力とは、言葉を使って、物事を筋道立てて考え、他人の考えを会話や文章を通して理解し、自分の考えを人に伝える力です。国語力がなければ物事をしっかりと考えることができません。会話や文章を十分に理解できません。自分の考えを人に伝えることができません。これでは、他の科目の内容だって理解できるはずがありません。

ですから、国語が苦手ですと、はじめのうちは社会科や理科、それに算数の計算の得意なお子さんでも、中学・高校と進むうちに伸び悩んできます。特に深刻なのは英語です。国語力がないと、英語の単語は暗記できても、意味を読み取れません。長文問題になると、全体の内容を理解できなくなってしまいます。現在の大学入試制度では、英語が最も重視されますので、英語ができないとどこの大学にも合格できないことになってしまいます。それほど、英語力が、そしてその基礎となる国語力が、必要とされているのです。

古文	小論文	
英語	数学	
理科	社会	算数
国語		

どうすれば国語力を養うことができるのでしょう。

最も効果的なのは文章を書くこと、つまり「作文力」をきたえることです。

もちろん、読むことも読解力をつけるために重要です。しっかりと本を読むお子さんは国語力や思考力をつけることができます。ですから、ぜひとも多くの子どもたちに本を読んでほしいと思います。ですが、それよりももっと短期的に力をつける手段が、文章を書くことなのです。

文章を書くことによって、ボキャブラリーも増えます。表現も豊かになります。自分の考えをまとめることもできるようになります。

書くことによって国語力は確実に伸びます。

書くことによって、読み取りも正確になります。自分で文章を書いてみると、書く人の気持ちや文章の展開の仕方がわかってきますから、読む力もつくのです。その上、自分で言葉の表現に気をつけるようになると、他人の文章の表現にも敏感になります。本を読んでいるうちに、「今度は、自分も使ってみよう」という気持ちになって、どんどん表現が豊かになるのです。

事実、作文や小論文を学んだ私の教え子たちは、はじめはいやいやながら取り組んでいたとしても、だんだんと文章を書くことを嫌がらなくなります。いえ、不幸にして、嫌がり続け、文章を上手に書けるようにならなかった子でも、国語力は確実に伸ばしていきます。したがって、国語力を伸ばすのにもっとも好ましいのは、文章を書く学習なのです。

本書が、お子さんの国語力増強に役立ち、同時に親と子の楽しい語らいにつながることを祈ってやみません。

樋口裕一

もくじ

作文力ドリル
作文の基本編
小学校高学年向け

大事な基本編

第1章 作文を書くときの心構え

書き方のヒケツ編

第2章 作文がおもしろくなるコツ

作文をパワーアップさせるワザ

作文力ドリル
作文の基本編
小学校高学年向け

もくじ

読書感想文編

第4章 読書感想文のコツとパターン

上級テクニック編

第5章 読書感想コンクールに入賞する方法

小論文・記述式問題のコツ

別冊 答えとアドバイス

※注意　この本で使う漢字は、原則として小学校で習う漢字を使用していますが、表現の都合上、一部中学校で習う漢字も使用しています。

この本の

おすすめ活用法

著者がおすすめする、
効果的な使い方を紹介します。

その1 第１〜２章で 作文への苦手意識をなくす！

はじめから長い作文を書こうとせず、まずは短い文章で、型を楽しく覚えていくことから始め、苦手意識をなくしていきましょう。

第１〜２章では、「ホップ・ステップ・ジャンプ・着地」の型の練習や、作文を書くときの基本的なコツを、楽しい例文にふれながら学んでいきます。

その2 第３章で 文章のテクニックを学ぶ！

第３章では、高学年だからこそ身につけておきたい、さまざまな文章のテクニックを学ぶことができます。作文の書き出しパターンや、比喩、倒置法といった表現方法などを、ドリルを通して楽しく練習していくことで、豊かな表現力が身につきます。

その3 第４〜５章で 読書感想文も得意になる！

学校の宿題でも出されやすい読書感想文ですが、どう書けばいいのか悩んでしまう人も多いはずです。読書感想文の強い味方として、第４〜５章では、作文の基本をおさらいしつつ、さまざまなテクニックを紹介していきます。おすすめの５つの書き方パターンなどを、具体例とともに学んでいきましょう。

第1章 大事な基本編

作文を書くときの心構え

みなさんの中には、作文の大きらいな人もいるでしょう。
そんな人のほうが多いかもしれません。
それはもしかしたら、作文を難しいもの
と思っているからではないでしょうか。
まず、作文の勉強をするにあたって、そのような思いこみを
捨てましょう。難しく考える必要はありません。
さあ、作文を楽しく学んでいきましょう！

1 作文の心構え①

おもしろく書こう！

作文は苦手でも、テレビ番組やゲームを「おもしろい！」と思ったことはありませんか。実は、作文も同じです。読む人におもしろいと思ってもらうものを作ることなのです。

「おもしろいものを書こうとするのが作文だ。」

そう思ってください。

「おもしろく」というのは、ふざけたり、ダジャレを書いたりすることではありません。そんなことをしても、読む人はしらけてしまいます。

おもしろく書く一番簡単な方法は、**他の人とちがうことを書くこと**です。「へえ、そんな感じ方があるのか、そんな考え方があるのか。言われてみれば、そうだな。」と読んだ人に思ってもらえるようなことを書くのです。

つまり、**個性的に、自分らしく書く**のです。「作文」は、みなさんの個性や、生き生きした感じ方を見せるためのものです。そして、そうした力を養うためのものなのです。

2 作文の心構え②

型を覚えよう！

ポイント

ホップ・ステップ・ジャンプ・着地

おもしろく書くためのコツ、それは、**うまく形式にあてはめて書くことです。**

えっ、個性的にするのに形式なんか気にするの？

形式を気にせずに、個性的に書いていると、メチャクチャになったり、何が書いてあるのかわからなくなってしまうことがあります。作文の得意でないみなさんは、なおさらです。初めのうちは、形式にあてはめて書く練習をして、上手になってから自分なりの工夫をする、というのが、最も確実な方法です。

作文は「起承転結」で書くと良いと言われます。それをみなさんにわかりやすい言葉で説明すると、「**ホップ・ステップ・ジャンプ・着地**」ということになります。

次ページの四コマ漫画を見てみましょう。

一コマ目　ホップ　ここで事件や出来事が起こります。

二コマ目　ステップ　ホップの部分の続きです。でも、これで終わったのでは漫画は少しもおもしろくありません。当たり前のことを言っているだけになります。

三コマ目　ジャンプ　そういうわけで、漫画をおもしろくするのがこの部分です。ここで「飛やく」が起こって、笑いが生まれるのです。つまり、この部分を書きたいがために、初めの二つのコマがあったわけです。

四コマ目　着地　最後に着地を決めなくてはいけません。この部分を「オチ」と呼ぶこともできるでしょう。

試しに四コマ漫画を、いくつか見てみてください。どれもが同じような形式になっていることに気がつくでしょう。

ポイント 漫画もドラマもこの形式！

四コマ漫画だけではありません。例えば、「刑事ドラマ」もそうです。**ホップ**の部分で事件が起こります。**ステップ**の部分で、人間関係などの背景が語られ、**ジャンプ**の部分で、主人公の刑事が、事件をそう査して大活躍します。この部分がドラマの中で一番おもしろいところです。そして、最後、**着地**の部分で事件が解決されます。

作文も同じです。「ホップ・ステップ・ジャンプ・着地」という基本の形式に慣れるのが、作文上達の近道です。そして、十分に使いこなせるようになったら、自分だけの、もっとちがった形を工夫してみてください。

練習問題1

次の「ジャンプ」の部分の空らんをうめる文章を書きましょう。それは、本当のことでなくても構（かま）いません。

例

① 私（わたし）（ぼく）には良い友達がいます。

② このあいだ、その友達と公園で遊びました。

③ すると、その友達は［　　　　］。

④ だから、私（わたし）はその友達が好きです。

解答例（かいとうれい）

「私（わたし）が落としたカギを暗くなるまでいっしょに探（さが）してくれました」「お母さんにしかられた私（わたし）をなぐさめてくれました」など。

友達のやさしさを示（しめ）すようなことを考えてみましょう。

1

① 私（わたし）の友達はやさしい子です。

② 先日、その友達といっしょに勉強をしていました。

③ ところが、［　　　　］。

④ 私（わたし）と友達はもっと仲良しになりました。

❷

① 私(わたし)の知り合いにひどくケチな人がいます。

② その人はいつも自分でお金を出そうとしません。

③ あるとき、＿＿＿＿＿。

④ 私(わたし)は、その人と仲良くなりたいとは思いません。

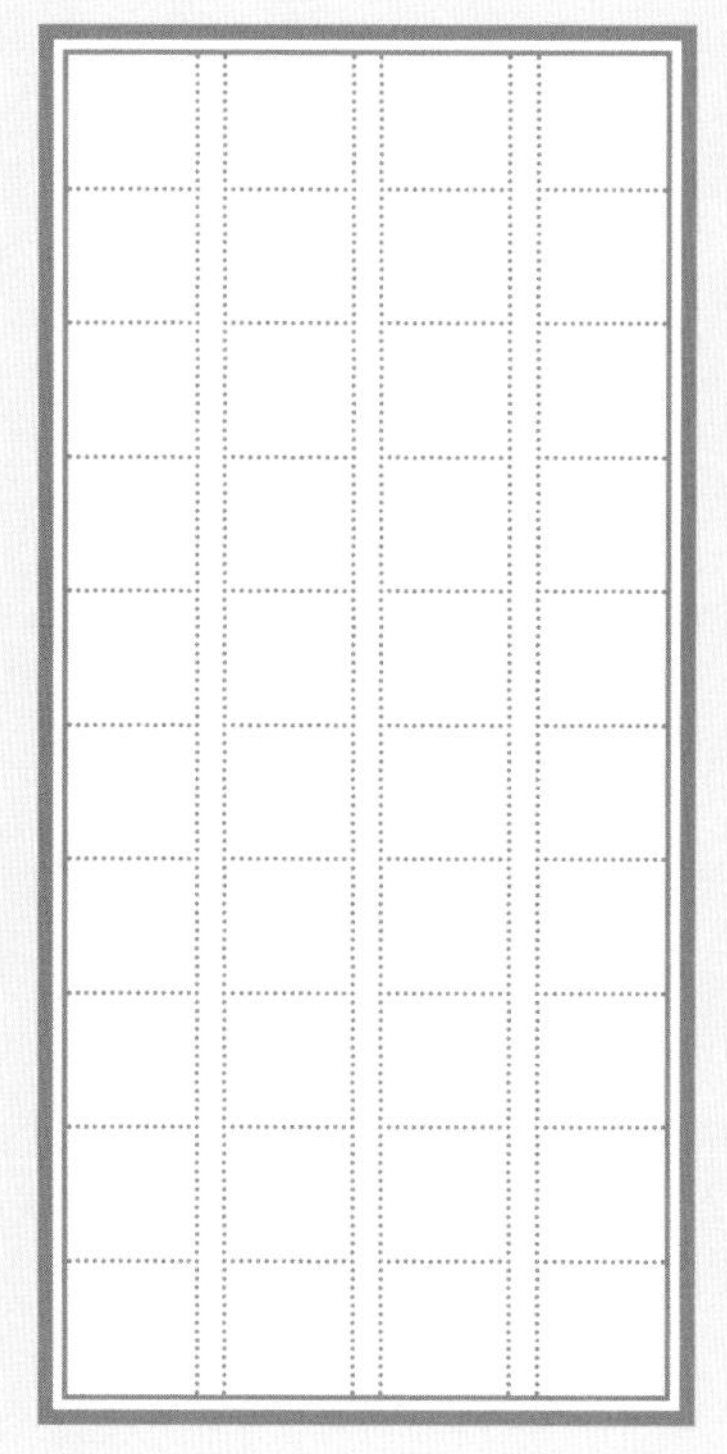

「ジャンプ」にぴったりな文が思いついたら、自由に書いちゃおう！

❸

① 貧しい女の子が、魔法で王子様の舞踏会に行きました。

② 王子様と恋に落ち、魔法が解ける前に帰りました。

③ 王子様は、［　　　　　　］。

④ 女の子は見つかりませんでした。

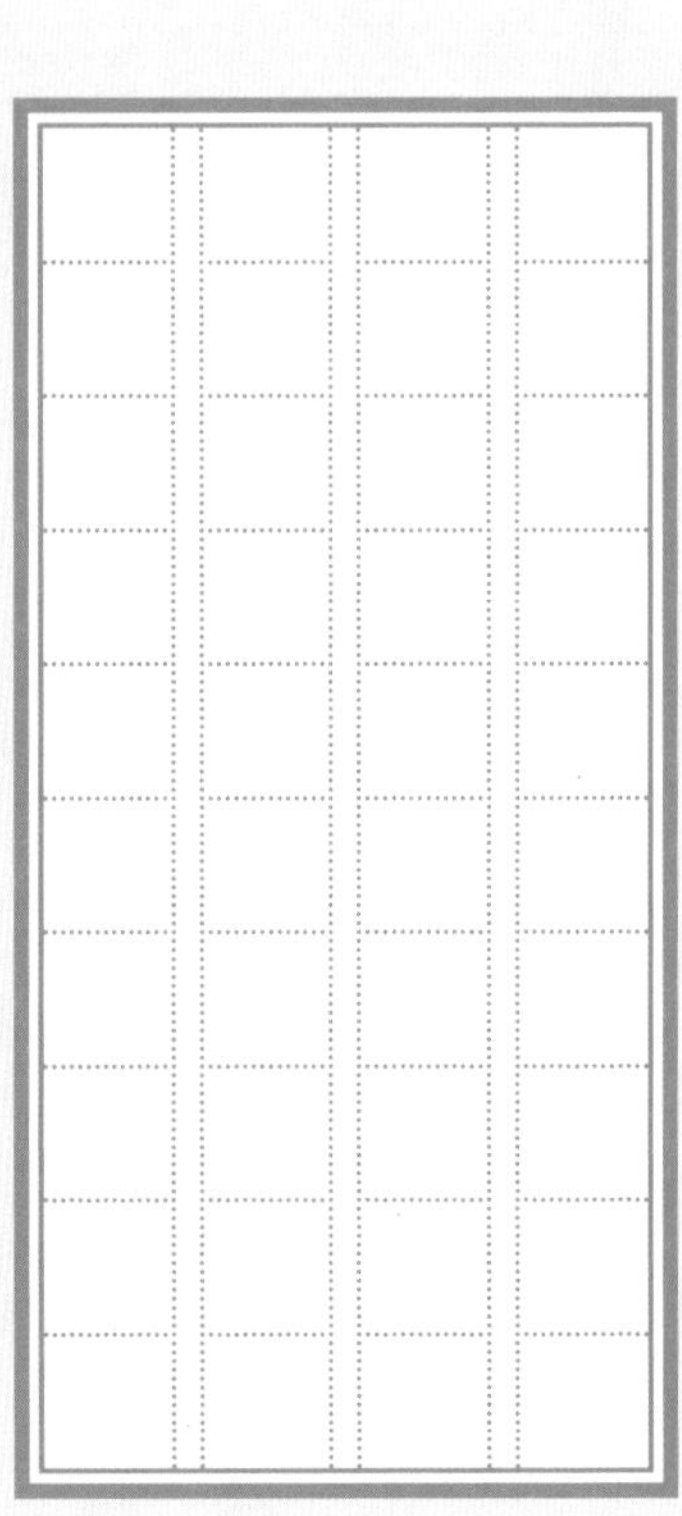

❹

① 浦島太郎という若者がいました。

② 浦島太郎はいじめられているカメを助けました。

③ カメはお礼に［　　　　　　］。

④ 浦島太郎は満足しました。

❺

①私は夢中でテレビドラマを見ていました。

②ふと気がつくと、私はドラマの世界に入っていました。

③そこで、私は［　　　　］。

④すると、私は現実の世界にもどっていました。

❻

①家族で旅行に行くことにしました。

②みんなで準備を整えて、駅に向かいました。

③ところが、［　　　　］。

④旅行は中止になりました。

解答例は別冊2ページ

練習問題2

次の「ホップ」を書き出しにして、「もし、犬（魚）だったら」という題の作文を書きましょう。できるだけおもしろい話を考えてください。

❶

① ホップ	② ステップ	③ ジャンプ	④ 着地
私（ぼく）は犬です。			

❷

① ホップ

私(ぼく)は魚です。

② ステップ

③ ジャンプ

④ 着地

解答例は別冊2ページ

「ジャンプ」のところで
どっちがおもしろい話に
できるか、勝負だ！

第2章
書き方のヒケツ編

作文がおもしろくなるコツ

さて、これから本格的に作文の書き方を学びます。
この章では、「ホップ・ステップ・ジャンプ・着地」を
生かした作文例の紹介や、作文のコツを伝授します。
さまざまな作文例にふれながら、
イメージをふくらませていきましょう。

①「ホップ・ステップ・ジャンプ・着地」の作文例

18ページの練習問題2の①「もし、犬だったら」をもっとくわしくして、四〇〇字ほどの作文にしてみましょう。

例

ぼくは、犬です。白くて小さな犬で、名前はタロウです。

犬だから、学校には行きません。宿題もありません。だから、お母さんにしかられることもありません。ぼくは、ごろごろねてばかりです。

1 ホップ

これから何を書こうとしているかを簡単に予告します。「もし、犬だったら」の場合では、どんな犬なのかを簡単に説明すれば良いでしょう。

2 ステップ

だいたいの状況を説明します。「もし、犬だったら」の場合は、ふだんどんなことをするか、どんな生活をしているかを書きます。全体の20パーセントぐらいが適当でしょう。

でも、いつもごろごろしていたら、主人にあきれられてしまったようです。主人のまさるくんとお父さんが、ぼくの話をしていたのです。

「タロウは、何の芸もしないなまけ者だなあ。」

「お父さん、タロウは、今はなまけものだけど、努力したら、きっと芸ができるようになるよ。」

そこで、ぼくは歌が得意だから歌の上手な犬になろうと心に決めたのです。ときどき、歌を歌ってみせたら、主人も喜んでくれるでしょう。話題になって、テレビに出られるかもしれません。

ぼくはちょっとなまけ者だけど、芸のできる犬になりたいのです。

ここで、事件を起こします。この部分はできるだけ具体的に、おもしろく書いてください。ここは全体の40～60パーセントぐらいが適当でしょう。

上手に着地を決めればいいのです。簡単で構いませんので、うまくまとめてください。

② 作文のコツ①
「良い子」の作文にしない！

悪い例

昨日、妹とけんかをしました。妹とゲームをしていると、ぼくがズルをしたと言っておこり出しました。ぼくが、おこって言い返したら、妹は泣き出しました。泣いている妹を見ているうちに、もう少しやさしくすればよかったと思いました。思いやりの心が大切だと思いました。

良い例

昨日、妹とけんかをしました。妹とゲームをしていると、ぼくがズルをしたと言っておこり出しました。おこって言い返すと、妹が泣き出しました。ぼくは泣いている妹を見ているうちに、ますますにくらしくなりました。妹をたたいてしまおうかと思ったときに、お父さんに見つかって、ぼくも妹もお説教をされました。

ポイント
ちょっぴり悪い子の自分でいい！

みなさんの作文で多いのが、道徳的な文章です。きっと、「作文というのは、道徳的なことを書かなければいけない。」と思っているのでしょう。ですが、それは大変なまちがいです。「良い子」の作文というのは、最も良くない作文です。作文というのは、大人に教えられた決まりきったことや、きれいごとを書くものではありません。「良い子」で書こうとすると、どうしても、ありふれた、つまらない文章になってしまうのです。

もっと自由に、もっと個性的に書こうとしてください。自分の心の中を、もっときちんと見てください。「良い子」の心だけではなくて、「悪い子」の心も、「なまけもの」の心もあるでしょう。そんな心を大事にしてください。

でも、そうは言っても、いたずらをまるで自慢するように書いたり、悪い心をそのまま書いたりするのは感心しません。そんなことをすると、読む人にみなさんの「人格」を疑われて、反感をもたれてしまいます。

上手な作文というのは、ちょっぴり悪い心を見せる文章のことだと考えてください。自分の中に悪い心があることをきちんと認めた上で、おもしろく書いてください。

ここに挙げた悪い例と良い例を見てください。悪い例は、とってつけたように道徳的な感想が出てきます。これでは、生き生きとした素直な気持ちが描けません。それに対して、良い例では素直に自分の心を書いています。悪い心もうまく表現しています。

チャレンジ

次の道徳的な文章を、「良い子の作文にしない」文章に書きかえた例を読みましょう。また、自分ならどう書きかえるか、考えてみましょう。

❶

昨日バスに乗りました。お年寄りが立っていました。でも、だれも席をゆずろうとしません。ねたふりをしている人もいます。私は席をゆずりました。お年寄りは「ありがとう」と言って、すわりました。

書きかえ例

昨日バスに乗りました。お年寄りが立っていました。でも、だれも席をゆずろうとしません。ねたふりをしている人もいます。**私もつかれていたし、席をゆずるのははずかしい**ので、ねたふりをしようかと思いました。でも、バスがゆれてお年寄りは、ふらふらしています。私は決心して、席をゆずりました。お年寄りは「ありがとう」と言って、すわりました。私は、少しうれしくなりました。

❷

歩いているうちに、田中君とぶつかりました。田中君はぼくがわざとしたのだと思って、おこりました。ぼくはあやまりました。自分だけが正しいと言い張るのは、良いことではありません。けんかばかりしていては、やさしくて心の美しい人間になれないと思います。

書きかえ例

歩いているうちに、田中君とぶつかりました。田中君はぼくがわざとしたのだと思って、おこりました。ぼくはあやまりました。田中君は体が大きくて力の強いのがじまんです。**ぼくは口ではあやまりましたが、しばらく不ゆかいでした。今度、わざとぶつかって知らんぷりする方法はないかと考えました。**

❸

あゆみちゃんがリレー選手になったとき、あいかちゃんはおこり出しました。自分が選ばれると思っていたので、くやしかったのです。私は、あゆみちゃんが選ばれたことを喜びました。他人が喜んでいるのを、自分も喜べるような心の広い人間になりたいと思います。

書きかえ例

あゆみちゃんがリレー選手になったとき、あいかちゃんはおこり出しました。自分が選ばれると思っていたので、くやしかったのです。私は、あゆみちゃんには、「リレーに選ばれて、すごいねえ。」と言いました。あいかちゃんには、「リレーなんてたいしたことじゃないから、気にしないで。」と言いました。私は足がおそいので、だれが選ばれても構わないのです。

3 作文のコツ② ひねくれて考えてみよう！

悪い例

しばらくおじいちゃんの家で過(す)ごした後、久しぶりにわが家にもどりました。いつもと同じわが家でした。自分の家はいいなあと思いました。

良い例

しばらくおじいちゃんの家で過(す)ごした後、久しぶりにわが家にもどりました。家に着いたら、わが家のにおいがしてきました。おじいちゃんの家とは別のわが家のにおいです。自分の家が一番落ちつくのは、家のにおいに慣(な)れているからだと思いました。

ポイント ありきたりな感想はダメ！

個性的であることが、良い作文の一つの条件ですが、「個性的に書きなさい。」とは、具体的にどうすればいいのでしょうか。

作文を個性的にする最も簡単な方法は、人とちがったことを考えてみること。つまり、**ちょっとひねくれて考えてみる**ことです。「もし、犬だったら」という案で書こうと思った場合も、「犬だったら、勉強しなくていい。」と書く人が多いはずです。ですから、そう書いただけではありふれてしまいます。もっとちがうことを書けないかを、考えてみてください。

そして、**人の気がつかないこと、人と反対のことを考えてみる**のです。大人がアッと言いそうな発想が大切です。「犬だったら、ぼくぐらいの学力があれば、きっと天才犬だろう。」「犬だったら、退屈なので、今よりも勉強するかもしれない。」「犬だったら、優秀な警察犬になれと言われるかもしれない。」というように考えてみるのです。そして、一番おもしろそうなことを、「ジャンプ」の部分に書けば、そのままで、おもしろい作文になります。

また、最後に、「おもしろかったです。」「楽しかったです。」と、ありきたりの感想を付け加えるのも感心しません。「楽しかった。」と言うだけではなく、どんなことが得られたのか、友達のどんな面を発見したか、自分のどんな面を広げられたか、ということも考えてください。

みんなとちがう、個性的で君らしい感想を考えよう！

チャレンジ

次の文章を、「ひねくれて考えてみる」文章に書きかえた例を読みましょう。また、自分なら、どう書きかえるか、考えてみましょう。

❶

胃の手術で入院したおじさんをお見まいに行きました。思っていたより元気で、ぼくたちにじょう談ばかり言っていました。同じ病室の人も看護師さんも良い人ばかりで、居心地が良いと喜んでいました。ぼくたちも安心して帰りました。

書きかえ例

胃の手術で入院したおじさんをお見まいに行きました。思っていたより元気で、ぼくたちにじょう談ばかり言っていました。同じ病室の人も看護師さんも良い人ばかりで、居心地が良いと喜んでいました。**ぼくも、おじさんみたいに、しばらくごろごろしていたいなあと思いました。**

❷

土曜日に家族で温泉旅行に行きました。道路がじゅうたいしていたので、着いたのは夜中でした。日曜日の午前中、お父さんはずっと温泉に入っていました。午後、家に帰りました。楽しい旅行でした。

書きかえ例

土曜日に家族で温泉旅行に行きました。道路がじゅうたいしていたので、着いたのは夜中でした。日曜日の午前中、お父さんはずっと温泉に入っていました。そして午後には家に帰りました。**お母さんは車のじゅうたいのために不きげんでしたが、ぼくは久しぶりに家族みんなでずっといっしょにいられて良かったと思います。**

③

ぼくはマンガを読むのが好きです。たくさん本を持っています。マンガを読んでいると、自分が主人公になった気持ちになります。時間を忘れて、夢中で読みます。

書きかえ例

ぼくはマンガを読むのが好きです。たくさん本を持っています。マンガを読んでいると、自分が悪者になったり、正義の味方になったりできます。**いつもの自分でない自分を味わえます。**

4 作文のコツ③ くわしく書こう！

悪い例

昨日、遠足に行きました。目的地は江ノ島（えのしま）です。朝九時に学校を出て、四時に帰りました。楽しかったです。

良い例

昨日、遠足に行きました。目的地は江ノ島（えのしま）です。みんなは長いエスカレーターに乗ったのですが、ぼくたちのグループは歩いて頂上（ちょうじょう）の神社まで登りました。歩いて登って見た景色は特にきれいでした。

ポイント

君のイメージを素直に書こう！

みなさんの文章には、具体性のないものがよくあります。

例えば、「遊園地に遊びに行っておもしろかった。」と書いてあるだけで、何がどうおもしろかったのか、少しも説明がなかったりするのです。これは、良くない作文の典型です。

何がどのようにおもしろかったのか、いつどのようなことを感じたのかを書いてこそ、おもしろい作文になります。

「もし、犬だったら」という案で書く場合も同じです。「もし、犬だったら勉強しなくてすむ。」と考えるだけではなく、では、どうやって毎日過ごすのか、を考えてください。そうすれば、「町を散歩して、他の犬と追いかけっこをしたり、となりの犬とおしゃべりをする。」というようなイメージがわいてくるはずです。

そんなイメージをくわしく書いてみましょう。

でも、何でもかんでもくわしく書きすぎると、話が先に進みませんので、気をつけてください。**一番言いたいことについてはくわしく書いて、そうでないところは、くわしくなりすぎないように**気をつけましょう。

「ホップ・ステップ・ジャンプ・着地」のうち、「ジャンプ」が一番大事なところなので、**「ジャンプ」をくわしく書くつもり**でいれば良いでしょう。

チャレンジ

次の文章を、「くわしく」書きかえた例を読みましょう。また、自分なら、どう書きかえるか、考えてみましょう。

1

私はタイムマシンに乗りました。あっという間に江戸時代になりました。私は江戸の浅草に行きました。そこに男がいました。私を見ておどろいた顔をしました。

書きかえ例

私はタイムマシンに乗りました。あっという間に江戸時代になりました。タイムマシンから下を見ると、侍や町人が江戸の街を歩いています。夜まで待って、浅草の浅草寺に行って、そっとタイムマシンを降りました。すると、そこに男がいました。よっぱらった町人です。男は、現代の服を着た私を見ておどろいた顔をしました。

2

加藤君はいつもうそをつきます。この前もうそをついてけんかになったのに、またです。ぼくたちはおこりました。そうしたら、やっと加藤君はあやまりました。

書きかえ例

加藤君はいつもうそをつきます。この前も、「ゲームで八〇〇点出した。」といばっていたのに、うそだとばれて、みんなに文句を言われました。それなのに今度は「海外旅行に二〇回行った。」と言いました。本当は一回しか行ったことがないということが後でわかりました。ぼくたちがおこったら、やっと加藤君はあやまりました。

③

新しいデジタルカメラを買いました。きれいにとれるとみんな喜んでいます。すぐにおじいちゃんに写真つきのメールを送りました。おじいちゃんも喜んでいました。

書きかえ例

新しいデジタルカメラを買いました。簡単にきれいな写真がとれるので便利です。家中あちこち写真をとりました。おじいちゃんがお母さんとメールのやりとりをしているのを思い出して、おじいちゃんに家の中をとった写真つきのメールを送りました。すぐにおじいちゃんから返事が届きました。

5 作文のコツ④ 言いたいことをはっきり！

悪い例

あったことを並べただけだね。

遠足に行きました。九時に学校を出て、バスで鎌倉まで一時間ほどでした。鎌倉では最初に鶴岡八幡宮に行きました。その後、商店街を回ってから、大仏を見ました。

良い例

一番心に残ったことが書いてあるね！

遠足で鎌倉に行きました。鶴岡八幡宮や商店街に行き、大仏を見ました。私が一番気に入ったのは商店街です。小さなお店がたくさんありました。和紙をあつかうお店に入ると、きれいな紙がたくさんありました。手紙セットをお母さんへのおみやげにしました。

ポイント

ただ並べるだけではダメ！

みなさんの作文には、何を言いたいのかはっきりしない文章も多くあります。あったことをいろいろと書いていますが、出来事が並んでいるだけで、何が中心なのかわからない。それは良くない文章の典型です。作文は、何か**「言いたいこと」＝「テーマ」**がなければいけません。そうでなければ、気持ちが伝わりません。

もちろん、みなさんはほとんどの場合、自分から書きたくて書いているわけではありませんから、テーマがないのも当然かもしれません。しかし、それではつまらない作文にしかなりません。

何を言いたいのかはっきりしている、そして、その言いたいことが、だれもが言っているようなありふれたことではなくて、読んだ人をハッとさせるものであること、それが良い作文の条件です。

では、言いたいことをはっきりさせるにはどうしたらよいのでしょう。

最初に言いたいことをはっきりさせておいてから書き出すのも、良い方法です。そうすれば、途中で何を言いたいのかわからない文章になる、というようなことはなくなるはずです。また、**最後にまとめを付け加える**のでも構いません。

もう一つ、ぜひ守ってほしいのは、「ホップ・ステップ・ジャンプ・着地」という基本です。**そして、「ジャンプ」のところで、言いたいことをはっきり言ってください。**つまり、ここで「テーマ」をはっきりさせるわけです。「ジャンプ」の部分になったら言いたいことをはっきりさせる、というつもりで書けばいいでしょう。

チャレンジ

次の文章を、「言いたいことをはっきり」させた文章に書きかえた例を読みましょう。また、自分ならどう書きかえるか、考えてみましょう。

❶

学校に行くときに、鳥を見つけました。小さな鳥でした。かわいい声で鳴いていました。しばらく鳥を見ていました。それから、学校に向かいました。

書きかえ例

学校に行くときに、鳥を見つけました。小さな鳥でした。かわいい声で鳴いていました。しばらく鳥を見ていました。**ぼくも鳥のように自由でいられたらなあ、と思いました。**しばらくたって、やっと我（われ）に返って、学校に向かいました。

❷

寒い中でサッカーをして、つかれきって家に帰りました。家に帰ると食事ができていました。たっぷり食べてすぐに眠（ねむ）りました。

書きかえ例

今日は力いっぱい運動をして、満足でした。寒い中でサッカーをして、つかれきって家に帰りました。家に帰ると食事ができていました。たっぷり食べてすぐにねむりました。

❸

お母さんに連れられて初めてコンサートに行きました。チャイコフスキーの音楽でした。きれいな音楽です。オーケストラが全部鳴るとすごい音がします。こんなに長い音楽は初めてでしたが、退(たい)くつしませんでした。

書きかえ例

クラシック音楽に感動しました。お母さんに連れられて初めてコンサートに行きました。チャイコフスキーの音楽でした。きれいな音楽です。オーケストラが全部鳴るとすごい音がします。こんなに長い音楽は初めてでしたが、退(たい)くつしませんでした。

6 作文のコツ⑤ 一文を短くしよう！

悪い例

昨日、バスに乗って映画を見にいったとき、いつもの停留所で降りるのを忘れて、次の停留所まで行ってしまったので、後もどりして、映画館まで行って、それから映画を見たので、私たちが入ったときは、もう映画が始まっていました。

良い例

昨日、バスに乗って映画を見にいったときのことです。いつもの停留所で降りるのを忘れて、次の停留所まで行ってしまったので、後もどりして、映画館まで行きました。それから映画を見たので、私たちが入ったときは、もう映画が始まっていました。

ポイント　わかりやすい文章にしよう！

一つの文を長く書く人がいますが、それは好ましくありません。もちろん、大作家の中にも一文※を長く書く人がいます。しかし、小学生や中学生が長い文を書くと、どうしてもダラダラしてしまいます。

また、一文が長くなると、主語と述語がかみあわなくなってしまうこともあります。次の文を見てください。

ぼくは、久しぶりに会ったいとこのマキちゃんとゲームをしたら、とても楽しかったので、「また会いたい。」と言われました。

楽しいと思ったのはぼくだけど、「また会いたい。」と言ってくれたのはマキちゃんですね。整理してみましょう。

ぼくは、久しぶりに会ったいとこのマキちゃんとゲームをして、とても楽しかったです。マキちゃんも「また会いたい」と言ってくれました。

わかりやすい文になりましたね。

まとまりがあって、わかりやすい文章を書くコツは、一文をできるだけ短くすることです。一文が六〇字をこえないように気をつけましょう。そして、常に主語と述語を意識して書きましょう。

※一文＝文の始まりから句点（。）まで。

チャレンジ

次の文を「一文を短く」した文章に書きかえた例を読みましょう。また、自分ならどう書きかえるか、考えてみましょう。

❶

学校まで歩いていると、後ろから佐藤君が追いかけてきて、「昨日のテレビ見た。」と聞いたので、ぼくが「見ていないよ。」と答えると、佐藤君はぼくのことを無視して、だまったまま走って教室に入って、みんなに向かって同じ質問をしました。

書きかえ例

学校まで歩いていると、後ろから佐藤君が追いかけてきました。「昨日のテレビ見た。」と聞いたので、ぼくは「見ていないよ。」と答えました。すると、佐藤君はぼくのことを無視して、だまったまま走って教室に入っていきました。そして、みんなに向かって同じ質問をしました。

❷

井上君がこの前に学校に来たときには、もうかぜを引いていて熱を出していたのに、がまんしていたので、先生がそれに気がついてすぐに家に帰るように言ったのに、帰らないままだったので、ますますかぜが悪くなったそうです。

書きかえ例

井上君はこの前に学校に来たときには、もうかぜを引いていて熱を出していました。それなのに、がまんしていたので、先生がそれに気がついてすぐに家に帰るように言ったのです。でも、帰らないままだったので、ますますかぜが悪くなったそうです。

③

運動会になると、運動が苦手なぼくはいつも台風が来てくれないかといのるのだが、今年もそう願ったが、いつも以上に天気がよく、朝から晴れていたのでゆううつだったが、しかたがないので、覚(かく)ごを決めて学校に向かっていると、後ろから、ぼく以上に運動が苦手な佐々木(ささき)君が歩いてきたので、二人で学校に行った。

書きかえ例

運動会になると、運動が苦手なぼくはいつも台風が来てくれないかと**祈(いの)る。**今年もそう願ったが、いつも以上に天気がよかった。朝から晴れていたのでゆううつだったが、しかたがないので、覚(かく)ごを決めて学校に**向かっていた。**すると、後ろから、ぼく以上に運動が苦手な佐々木(ささき)君が歩いてきたので、二人で学校に行った。

作文の書き方おさらい

原稿用紙のルール

原稿用紙にも書き方の決まりがあります。しっかりと頭に入れておきましょう。次の文章には、原稿用紙の書き方のまちがいがたくさんあります。それを見つけましょう。

※学校によってルールがちがうこともあります。

悪い例

昨日、牧場に遠足に行きました。9時にバスで出発しました。雨が降りだしそうでした。でも、先生たちが相談して行くことに決めたのだ。
バスのなかでは、みんなはしゃいでいました。
「カラオケ大会をしようよ。」と山田君が言いました。でも、村上さんがはんたいしました。そこで、なぞなぞゲームをして遊ぶことになりました。

書き出しと段落の最初は必ず一マスあけます。段落を変えても一マスあけない人が多いので、特に気をつけてください。

一マスに原則として一字を書きます。句読点やカッコなども一マス分を使います。
ただし、……や――は二マス分を使います。

縦書きのときは、数字はふつう、漢数字にします。「23人」とはしないで、「二十三人」または「二三人」とします。横書きのときは算用数字でかまいません。でも、「八方美人」などの熟語は漢数字で書きましょう。また、横書きの場合、数字とアルファベットは一マスに二字入れるのが決まりです。

「です・ます」調と「だ・である」調を混ぜてはいけません。どちらかに統一しなくてはいけません。

制限字数は絶対に守らなければいけません。「四〇〇字以内」とあったら、必ず四〇〇字以内に書きます。一字でもこえてはいけません。ただし、「四〇〇字以内」なら一〇〇字でも二〇〇字でも良いというのではなく、できれば九〇パーセント、つまり三六〇字以上は書くようにしましょう。少なくても、八〇パーセント以上は書かなければいけません。半分以下なら、未完成とみなされてしまいます。「六〇〇字から一〇〇〇字」という場合は、そのはん囲内で書きます。この場合は、六〇〇字を一字でもこえていれば構いません。「＊＊字程度」という場合には、一〇パーセントほど足りないか、こえたかくらいが理想ですが、二〇パーセント足りないくらいでしたら許されます。「＊＊字」という場合は、ふつう、句読点やカッコや段落がえのための空白も字数に数えます。

句読点や閉じカッコを行の最初につけません。これらが行の最初にきてしまうときは、前の行の最後の文字と同じマスに書きます。（マス目の下につけてもかまいません。）この規則を知らない人が多いので注意が必要です。

会話文は、行を変えて、一番上のマスから書き始めます。

会話文の終わりは、句点と閉じカッコを一マスに入れます。

基本的な熟語は漢字で書きます。漢字を忘れたら他の言葉に変えるほうがいいでしょう。誤字は絶対にいけません。

良い例

　昨日、牧場に遠足に行きました。九時にバ
スで出発しました。雨が降りだしそうでした。
でも、先生たちが相談して行くことに決めた
のです。
　バスの中では、みんなはしゃいでいました。
「カラオケ大会をしようよ。」
と山田君が言いました。でも、村上さんが反
対しました。そこで、なぞなぞゲームをして
遊ぶことになりました。

練習問題

それぞれ、五〇〇字程度で作文を書きましょう。

作文例

テーマ

「私のちょう能力」

私には、空を飛んで人をねむらせるちょう能力がある。

ある日、私は空を飛んで町の人をねむらせにいった。もちろん、全員だ。本を読みたかったのに、町がうるさくて読めなかったので、私は少しおこっていたのだ。いつものように私のちょう能力で、みんながねむりこんだ。でも、大変なことになってしまった。

一人ちょう能力にかかっていないどろぼうがいた。にやにやしながら、人がねむっているうちに家やお店に入りこんで、何かいい物をぬすもうと、大きなふくろを持って歩き回

書き方のヒント

自分にちょう能力があることを想像して書いてください。いろいろなちょう能力が考えられます。好きなときに未来に行ける、他人の心が読める、未来がわかるなどなど。

ホップの部分で、自分のそのような能力を説明してください。**ステップ**の部分で、もう少しくわしく、その能力を使って何ができるか、どんなことをしたかを書きます。そして、**ジャンプ**の部分で、「事件」を起こします。その能力を使ったために混乱が起こった、事件を解決した、人を助けたなどのストーリーが楽しいでしょう。そして、**着地**の部分で、話を解決させてください。

上の作文は当時小学三年生だった大分県日田市の豊

っていた。私は困ってしまった。

　警察の人を起こそうとしたけど、ちょう能力にかかったままだ。ちょう能力を消す方法を忘れてしまったのだ。

　どうしよう、どうしようと思うばかりで、頭がめちゃくちゃになってきた。私は、落ちつけ、落ちつけ、と自分に言い聞かせながらどろぼうをちょう能力でねむらせればいいんだと、思いついた。

　こうして、どろぼうをねむらせることができた。そのうち、やっと、みんなが目をさましてきた。警察がどろぼうをつかまえてくれた。今度から、こんないたずらは絶対しない。


田順子さんが書いてくれたものです。第一段落が「ホップ」、第二段落が「ステップ」、その後の三つの段落が「ジャンプ」で、最後の段落が「着地」です。

　形式がはっきりしているのでストーリーも明快だということがわかってもらえると思います。

　「にやにやしながら」「落ちつけ、落ちつけ」などの表現を使って、目に見えるように描いています。「私のちょう能力」というテーマもわかりやすく書けています。

1

テーマ

「私(わたし)は未来に行きました。」

書き方のヒント

未来に行くことを想像(そうぞう)しながら、SF(エスエフ)のつもりで書いてください。SF(エスエフ)小説や漫画(まんが)を思い出せば、書くことは思いつくはずです。**ホップ**の部分で、未来に行った事情(じじょう)（どうやって、どんな方法で未来に行ったか）を、**ステップ**の部分で、未来に行ってすぐに起こったことや、未来の世の中のことについて書くといいでしょう。

その後で、事件(じけん)を起こしてください。未来の自分と出会って悲しい自分の将来(しょうらい)を知る、未来人に追いかけられる、警察(けいさつ)につかまってしまう、地球の未来を知る、など、いろいろなことが考えられるはずです。そうした事件(じけん)を、できるだけおもしろく、具体的に、**ジャンプ**の部分に書いてください。

アドバイスは別冊2ページ

そして、**着地**には、解決を書けばいいでしょう。もし、コメディーを書くつもりなら、「オチ」をつけてもいいでしょう。

2

テーマ

「私は過去に行きました。」

書き方のヒント

練習問題❶とは逆に、過去に行った話です。これもSFではおなじみの話ですので、いろいろと思いつくはずです。

タイムマシンの説明や、日本や世界の過去の人物を登場させるのもいいでしょう。その人物と協力して歴史を動かす話などができるはずです。

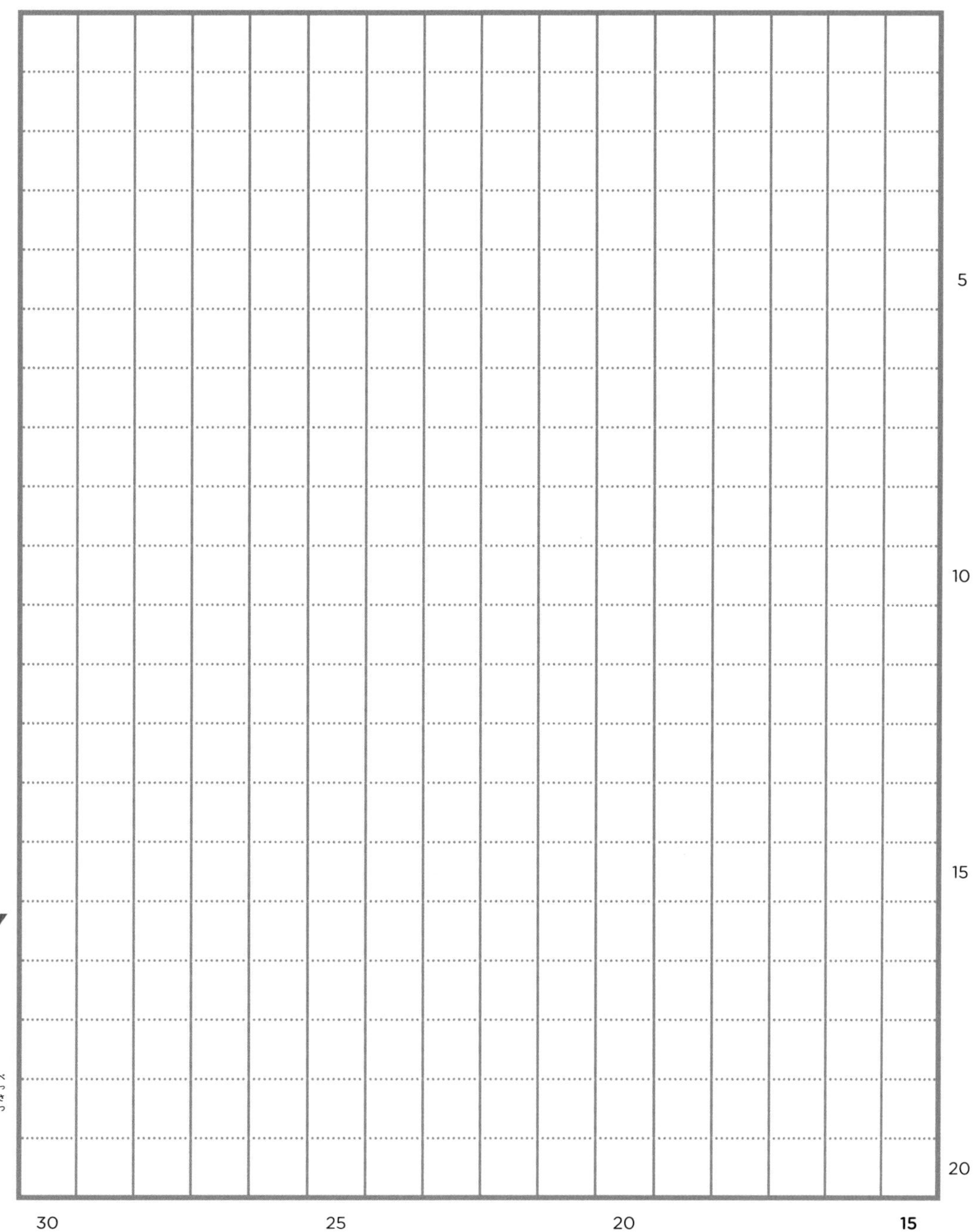

アドバイスは別冊3ページ

ふっふっふ。
ひねくれ者の作文に
しちゃうぞ〜。

作文をパワーアップさせるワザ

この章では、第２章からさらにレベルアップし、
作文をよりおもしろくするための、
さまざまなテクニックを紹介します。
書き出しのワザや、ドラマをまねした作文例、
文章表現のテクニックを学んでいきます。
ぜひ自分で使ってみてください。そうすれば、
きっと作文の奥の深さ、おもしろさがわかってくるはずです。

作文パワーアップのワザ①

1 読み手の興味を引く文で始める

書き出しで読み手を引きつけると、おもしろい作文になります。書き出しには、これから説明するようないくつかのパターンがありますが、どれか一つを得意ワザにしておくと、いろいろな作文に使えます。

まずは、ズバリと、**おもしろくて、興味を引く文で始める**ワザです。「私はユウレイを見たことがある。」「数日前、わが家に泥棒が入った。」「ぼくは交通事故にあったことがある。」「ぼくは、小さいころ、病気で入院していた。」というような文を初めに書くわけです。そうすると、**読む人はもっと先を知りたくなります。**

ただ、このような書き出しにしようとすると、初めの一文がなかなか思いつかないことがあります。時間内で作文を仕上げなければいけないときなど、書き出しを思いつかないために、一行も書けないというようなことになってしまいます。そうならないためには、このようなおもしろい文をいくつか集めておいて、「今度の作文に使えないかな。」と考えてみるのもいいでしょう。

練習問題１

次のテーマの書き出しとして、読み手の興味を引く文を書いてみましょう。

例　テーマ　私の家族

・私のお母さんはスーパーで大活躍したことがある。
・ぼくのお父さんはうそつきだ。

１　テーマ　五十年後の私

２　テーマ　遠足

↓解答例は別冊3ページ

作文パワーアップのワザ②

2 擬音語や会話で始める

擬音語というのは、「パタパタ」「ドンドン」などといった、音を表す言葉です。「パタパタ。今日も、ぼくを起こしにくるお母さんのスリッパの足音が聞こえる。」「ドンドン。花火の音が、運動会があることを町中に知らせた。」というように書き出します。こうすることで、個性的な書き出しになりますし、**読む人に元気の良さや、音に対して敏感なことを示すことができます**。

会話で始めるのも良い方法です。『お前は、気が小さいな。』と、最近、友達に言われて、ぼくは傷ついた。」『こんばんは。』入ってきたのは、となりのおじさんだった。」というような感じです。こうすると、**話の内容が目に見えるような感じ**になります。

どちらも、おもしろくて、目に見えるような、あるいは耳に聞こえるような効果を出すことができます。

練習問題２

次のテーマの書き出しを、擬音語(ぎおんご)か会話を使って書いてみましょう。

例 テーマ　私(わたし)の家族

- ギューンギューンギューン。日曜日になると、必ずといっていいほど、お父さんが日曜大工を始めます。
- 「お兄ちゃん、ひどい！」妹の声で、ぼくは目を覚ましました。

1 テーマ　五十年後の私(わたし)

2 テーマ　遠足

↓解答例(かいとうれい)は別冊(べっさつ)３ページ

作文パワーアップのワザ③

テーマと無関係なことで始める

読み手の予想をはずす方法です。例えば、「私の両親」という題の場合、読む人はみんなが両親のことを書くだろうと予想しています。そこで、そうした**予想をはずして**、**両親とは関係なさそうなこと**、**例えば**、**友達のこと**、**趣味のことなどを書く**わけです。そうしておいて、「ジャンプ」の部分で、そこまでに書いた話と両親を結び付けます。例えば、友達のことをずっと書いておいて、「ジャンプ」の部分で、「ぼくの両親は、この友達と同じようにぼくと接してくれる。」とか、「友達の両親とぼくの両親のちがいによって、友達とぼくのちがいができたのだ。」というふうにして、つじつまを合わせるわけです。趣味の話を書いたときには、「こんな趣味をぼくに教えてくれたのは、両親だ。」というようにこじつけても構いません。

こうすると、個性的でおもしろい文章になります。

練習問題3

次のテーマの書き出しを、テーマと無関係なことで書き始めてみましょう。

例 テーマ　私の家族

友達の家に行った。友達のお母さんが、「いらっしゃい」と言って、ケーキと紅茶を出してくれた。ぼくの家族とは大ちがいだ。

（※こうやって、自分の家族は、友達の家族とまったくちがう、というように話を進める。）

1 テーマ　五十年後の私

2 テーマ　遠足

↓解答例は別冊3ページ

ドラマをまねてみる①

感動的な話

良い作文というのは、言いたいことがストレートに伝わる文章です。何をうったえたいのか、悲しい話なのか、うれしい話なのか。中途半端でよくわからない文章では、うったえる力が弱くて、読む人に感銘をあたえません。

では、どうすればいいのでしょう。

作文をおもしろくする最も簡単なコツは、テレビドラマを参考にすることです。作文も一つのドラマなのです。テレビドラマと同じように味付けをして、読み手を悲しませたりおもしろがらせたり、といった工夫をすると、説得力のある作文になります。

テレビドラマには、いろいろなタイプがあります。感動的な話、かわいそうな話、おかしい話、おとぎ話、SF、……。

作文もそれらをモデルにすると、おもしろくなります。

一つ目に紹介するのは、感動的な話のタイプです。人の心の交流など、心あたたまるような話を書きます。友達とのけんかや仲直り、先生との交流、家族との交流です。ただし、**「良い子」の作文になりすぎないように気をつける**必要があります。

感動的な話
例

両親の結婚記念日のことだ。

お父さんもその日のことを忘れていたわけではない。お父さんはいつもより早く帰ってくることを約束して、会社に行った。お母さんとぼくと妹は、お父さんの帰りを待っていた。だが、お父さんは帰らなかった。しかたがないのでお父さんぬきでごうかな食事をした。お父さんは夜中に帰ったらしい。課長にさそわれたので断れなかったということだ。

お母さんはおこった。ずっとお父さんと口をきかなかった。日曜日にお父さんが花を買ってお母さんにプレゼントしたが、効果がなかった。そこで、月曜日の夜、ぼくと妹で相談して、二人を仲直りさせようとした。まず、トランプをして、お父さんとお母さんに入ってもらおうとした。でも、お母さんは加わらなかった。次に考えたのは、妹が赤んぼうだったころにとったビデオを流すことだ。これはうまくいった。

画面の中で、いたずらをするぼくをしかりながら、お父さんとお母さんが妹を交たいでだいていた。それを見るうちに、お母さんは昔話を始めた。子育ての苦労を話し始めた。お父さんも加わった。ぼくも、そして妹も加わった。みんなで、昔の思い出を話し始めた。こうして、ぼくたちの計画はうまくいったのだ。

5 ドラマをまねてみる②
笑える話

ユーモアにあふれることを書いて、読み手を笑わせたり、ニヤリとさせたりします。ただし、笑わせるというのはかなり難しいので、そのつもりで。例えば、クラスで冗談を言っても、だれも笑ってくれないことがあるでしょう?

口でしゃべって笑わせるのも難しいのですが、文章で笑わせるのは、もっと難しいと思ってください。

ですから、ユーモアのセンスのある人にしかすすめられない方法です。ですが、うまくいくと、とてもおもしろい文章になりますので、試してみてください。

笑える話 例

お母さんはあわて者だ。そのため、よくはじをかく。お母さんといっしょにデパートに行ったときもそうだった。お母さんがスカートを買いたいというので、私も付き合ったのだ。

お母さんは、いつものようにいくつものスカートを持って試着室に入っていった。迷っているらしくて、なかなか試着室から出てこなかった。いらいらしたが、私も服を見ながら待っていた。

ところが、しばらくして試着室から出てきたお母さんを見ておどろいた。手にスカートをいくつか持っている。ところが、本人はスカートをはいていないのだ。下着姿のまま、私に向かってにこにこ笑って、「待たせてごめんね。」と大声で言いながら、近づいてくる。お店の人もお客もあきれてお母さんの姿を見ている。私はあわてて、「お母さん！」とさけんだ。お母さんもすぐに気がついて、あたふたと試着室にもどった。

その帰り、私の後ろをすごすごと歩くお母さんと私は、立場が逆転してしまったみたいだった。

6

ドラマをまねてみる③

SF的発想

それらを読んで、SF的な発想にふれてみましょう。

SF的な発想をして、おもしろくする方法です。例えばタイムマシン、タイムトラベル、宇宙人などを登場させます。「私の家族」という題をあたえられた場合も、「ときどき、うちの家族は宇宙人（または、未来人、過去の人）ではないかと空想することがある。」とか、「ぼくは、宇宙人に操られているような気がすることがある。」というように書きます。ただし、過激になりすぎると、読む人から、「この人は、かなり変わっているのではないか。」と疑われてしまいますので、注意してください。

おもしろくて、読みやすい本としておすすめしたいのは、星新一や阿刀田高の短編集です。

ＳＦ的発想 例

ぼくはときどき、お母さんは、タイムマシンでやってきた過去の人ではないかと空想することがある。

お母さんが歌うのは、昔はやった歌ばかりだ。レンタル店から借りてきてぼくたちに見せてくれるＤＶＤも昭和のアニメがほとんどだ。ぼくたちからすると大昔の話を、まるで昨日のことみたいに話している。「あれは、去年だっけ。」と言いだしたので、話を聞いてみたら、もう十年も前のことだったりする。

きっと、お母さんの頭の中は、自分が若くて生き生きしていたころのままなのだろう。自分たちが感じた青春をぼくたちにも味わわせたくて、昔のアニメを借りてくるのだろう。ぼくたちをタイムスリップさせたいのだろう。

きっと、うちのお母さんはおばあさんになっても、今のままなんだろうと思う。

練習問題4

「五十年後の私」という題で、六〇〇字程度の作文を書きましょう。

書き方のヒント

さて、五十年後、君たちはみんな六十才代になっています。今の君たちのお父さんやお母さんよりも、きっと年上でしょう。

そのころの自分を想像して、何をしているか、どんなことを考えているか書いてみましょう。

もしかしたら、自分の孫たちをしかって「私が若いころは、お前たちとちがって……。」などと言っているかもしれません。

あとは、上手に「ホップ・ステップ・ジャンプ・着地」を使ってください。

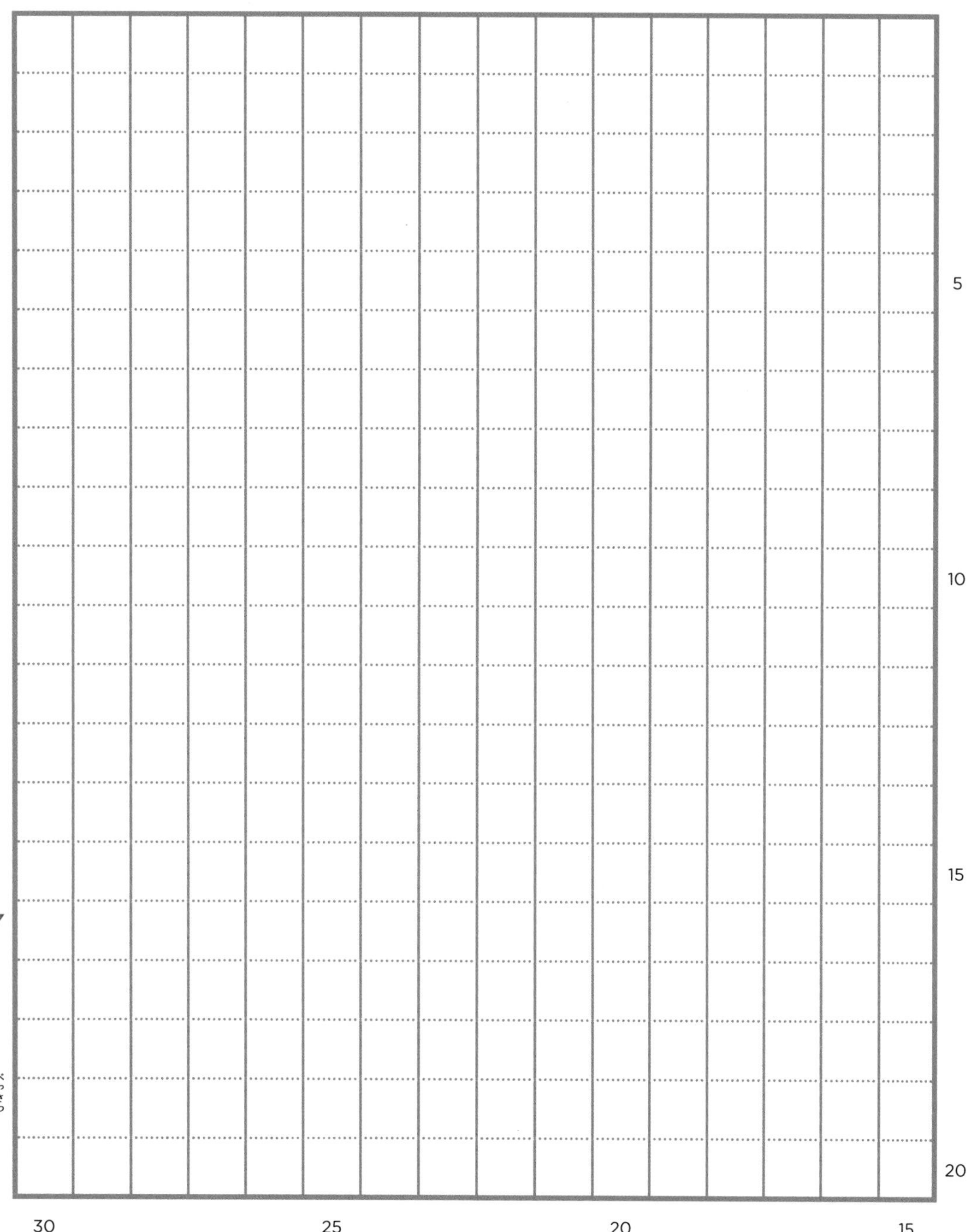

アドバイスは別冊4ページ

7

文章表現のワザ①

比喩を使う

表現の工夫のうち最も効果的で腕を見せられるのが、比喩です。**比喩とは、そのことや様子を表すのに、他のものにたとえる言い方**です。

「A君は、暗闇で音を聞いて、まるでウサギのようにおびえていた。」と書くと、ただ「おびえていた」と書くよりも、目に見えるように表現できます。

比喩を使うときのコツは、ひとことで言えば、大げさにすることです。ふつうに「A君はおびえていた。」と書いたのではありふれた表現になってしまいます。そこで、「おびえていた」というところを大げさにして、目に見えるような表現を探すのです。そうすれば、「風にふかれた草のようにぶるぶるふるえていた。」「デパートで迷子になった幼児のようにおびえていた。」というような表現を思いつくはずです。

ぜひ比喩をマスターして、使ってみてください。

たとえる言い方の例

- 大きさ・量をたとえる……山のような宿題
- 形・質をたとえる…………わたのような雪
- 気持ちをたとえる…………飛ぶようにして帰った
- 様子をたとえる……………ありのように働く

練習問題5

次の□の中に「まるで……ように」という比喩を入れて、目に見えるように表現してみましょう。

❶ その家は、□広かった。

❷ その家は、□散らかっていた。

❸ その地震が起きたとき、□ゆれた。

❹ ぼくのお父さんは、□気が小さい。

❺ その機械は、□操作が難しい。

解答例は別冊4ページ

8 文章表現のワザ②

様子を生き生きと書く

「おもしろい」「きれいだ」「歩く」というようなありふれた表現では、読む人に、どうおもしろかったのか、どのようにきれいだったのか、どのように歩いたのかを十分に伝えることができません。**具体的に、その場面が目にうかぶように工夫すれば、豊かな表現**ができます。

　例えば、「A君はうれしそうに歩いた。」とだけ書いたのでは、どのようにうれしそうだったのかがわかりません。「にやにやしながら歩いた。」「スキップするように歩いた。」と書くと、上手に様子を表現できます。

　「悲しそうに歩いた。」というのも、「とぼとぼと歩いた。」「うつむいて歩いた。」「かたを落として歩いた。」「泣き出しそうな顔で歩いた。」というように書くことによって、目に見えるように表現できます。このような表現を自分で見つけてください。

練習問題6

次の文の、「笑った」「泣いた」「喜んだ」をもっと生き生きとした表現に改めましょう。できるだけたくさん書いてみましょう。

❶ Aさんは、うれしくて笑った。

❷ A君は、サッカーの試合に負けて、泣いた。

❸ おじいさんは、孫が大きくなったのを見て、喜んだ。

解答例は別冊4ページ

9 文章表現のワザ③

倒置法を使う

倒置法は、**語順を逆にする表現方法**です。「**あれは犬です。**」を「**犬です、あれは。**」と言いかえるような表現です。みなさんも、友達と話すときには、ごくふつうにそういう言い方をしているはずです。ですから、この表現方法はみなさんにも簡単に使えるでしょう。

特に「　」（カギカッコ）を使った会話のときに倒置法を使うと、本当におしゃべりをしているような文になって、**感情を上手に伝えるのに効果的**です。

会話でないところでは、あまり使いすぎないように気をつけてください。使いすぎるとしつこくなるので、**一番強調したいところ、おどろきを表現したいところ**などに使います。

「おもしろくなかった、その映画は。」

「しかられたのだ、このぼくが。」

「泣きたかった、ぼくは。」

というように書くと、ふつうの文とは**リズムが変わって、印象に残る**文になりますね。

練習問題7

次の文を倒置法を使って書きましょう。

❶ ぼくは、初めてその家を見た。

❷ 私のお父さんは、だまってその家に入った。

❸ 不思議な家が窓から見えてきた。

❹ 優勝するまでは、絶対にあきらめない。

❺ 卒業式では、泣かないと決めていた。

解答例は別冊4ページ

10 文章表現のワザ④

短い文を続ける

書き手（つまり、君のこと）が**わくわくするような気持ちの高ぶりを表現するとき、短い文をいくつも続けるように書く方法**があります。

「バスに乗ってしばらくして、家の向こうに海が見えてきたときには、私はわくわくしてきました。」

と書くよりも、

「バスに乗った。家が続いた。そのとき、海が見えてきた。わくわくしてきた。」

と書くほうが、ずっと、わくわくする気持ちを表現できます。

「バスに乗った。家が見えた。町が見えた。その後で海が見えた。」

というように書く方法もあります。よく、同じ言い切りの形（例えば、「見えた」という終わり方）が続くと良くないと言われますが、**わざと同じ形を使うことで、緊迫感やスピード感を出す**ことができるのです。

このように短い文をつなげる方法は少しも難しくありませんので、使ってみてください。

練習問題8

次の文章を、短い文をいくつも続けるような形に改めましょう。

ぼくたちが待っていたバンドがステージに上がってきた。みんなが黒い服を着て、走ってステージの中央に来て、すぐに演奏が始まったが、体中がしびれるような初めの音にぼくはおどろいた。

↓
解答例は別冊5ページ

11

文章表現(ひょうげん)のワザ⑤

自然描写(びょうしゃ)で心を表す

「ぼくがバスの中で席をゆずると、おばあさんはうれしそうにお礼を言って座(すわ)った。窓(まど)から見える山はもう紅葉(こうよう)しかけていた。」

というような文でも、良いことをした後の君の気持ちが伝わります。正確(せいかく)な言葉に直そうとするよりも、このように、自然を描写(びょうしゃ)するほうが、**言葉にできないようなびみょうな気持ちを伝えられる**ことがあります。

主人公が悲しい思いをしていると、画面にいかにも悲しそうな自然の風景が映(うつ)ったり、主人公が希望をもっていると、生き生きとした動物が映(うつ)ったりする……、テレビドラマや映画(えいが)では、よく見かけるテクニックです。つまり、**主人公の気持ちを画面に映(うつ)る自然の風景によって表している**わけです。このテクニックは、作文に使うこともできます。そんなに難(むずか)しいテクニックではありません。

「犬のタロウが死んだ。ぼくはずっと庭を見ていた。雨が庭の木をぬらしていた。」

と書くだけで、犬をなくした悲しみが伝わります。

練習問題9

次の――部を自然描写することによって、深い心を表現してみましょう。

❶ おじいちゃんが病院で死んだ、という知らせが電話であった。私は、病院に行く準備をしているときに、ふと、おじいちゃんとひなたぼっこしながら、よく話をした庭を見た。見ているうちに、だんだん悲しさが増していった。

❷ テストで百点だった。百点はクラスでぼくだけ。ぼくは、うれしさをかみしめながら、家に帰った。帰り道では、町がかがやいて見えた。

解答例は別冊5ページ

まるで天使のように
かわいい私……。
あっ、これはただの
比喩の練習よ！

第4章 読書感想文編

読書感想文のコツとパターン

この章では、学校の宿題などでもなやみがちな、
読書感想文を書くためのコツを教えます。
書き出しのコツの他、作文のキモとなる「ジャンプ」の部分の
書き方を５パターン紹介します。
いろいろな文例が登場しますので、自分が作文を書くときの
参考にしてみてください。

1 読書感想文も「基本の型」で書ける！

　みなさんも、読書感想文を宿題に出されて困ったことがあるでしょう。何を、どう書けば良いのかわからない、感想文というのはそもそもどんなものなのかよくわからない、お父さんやお母さんに聞いても、はっきりした返事をもらえない……。きっと、かなりの人がそんな印象をもっているはずです。

　では、ここで、みなさんが困っている読書感想文について、書き方の基本を説明することにしましょう。

　読書感想文を書く場合のコツは、**これまで学**

ホップ

その本を読んだきっかけを書くといいでしょう。「人にすすめられた。」「友達がおもしろいと言っていた。」「図書館でたまたま見つけた。」といった内容にします。

ステップ 2

この本のあらすじ紹介パートだ。

本の内容を簡単に説明します。物語などの場合は、あらすじを書くわけです。ただ、あまりくわしく書きすぎないように気をつけましょう。

んできた**「ホップ・ステップ・ジャンプ・着地」**を守ることです。ハイレベルなものを書きたいと思っている人でも、宿題で先生にしかられない程度のものを書けばいいと思っている人でも、それを守るだけで十分です。

ただ、コンクールで賞を取れるような個性的で「文学的」な読書感想文を書きたいと思っている人は、もう少し工夫が必要ですが、それは後で説明しましょう。

ともかく、もう一度、**「ホップ・ステップ・ジャンプ・着地」**を思い出してください。下のイラストのような流れに沿って書いてみると良いでしょう。

また、第3章までに学んださまざまなテクニックを使っておもしろく書くと、優れた読書感想文になります。

自分の
感想や考えを
書こう！

3 ジャンプ

その本のどこがおもしろかったのか、それを読んで何を考えたのか、といった感想を書きます。ここが読書感想文の中心です。

最後は
まとめの
パートだ。

4 着地

全体のまとめをします。これから、どんなことを考えていきたいか、自分の目標を書くのもいいでしょう。

2

読書感想文のコツ

書き出しをおもしろく！

例

お父さんはいつも変な本をぼくにすすめる。自分がベートーベンが好きなものだから、以前はぼくにベートーベンの伝記をすすめた。少し読んだけれど、おもしろくなかった。だから、次に『ルパンの冒険』をすすめられたときも、期待していなかった。きっと、また退屈な本だろうと思いこんでいた。だが、読み始めてすぐに、夢中になった。

ポイント 本を選んだきっかけを書こう！

読書感想文のコツの一つとして、書き出しの部分である**「ホップ」のパートをおもしろくする**という方法があります。書き出しをおもしろくするワザは、第3章でもふれましたね。例えば、会話を使って、友達に本をすすめられたときの様子を生き生きと書いたり、図書館でたまたまその本を見つけたときのことをドラマチックに書いたりするわけです。あるいは、本の題名や表紙の絵などの印象から、「題名にわくわくした」「表紙の女の子はどうして泣いているのか気になった」といったことなど、本を読む前に感じたこと、考えたことを書きます。

そうすることで、その後がどうなるのか、読む人に期待をもたせます。そして、その本に君がどれほど感動したかを伝えることができます。

もちろん、たとえ本当であっても、「感想文の宿題を出されたので、いやいや読んだ。」とは書かないほうがいいでしょう。それでは、読み手は期待ができません。

3 書き方パターン① 考えさせられたこと

例

私は、この本を読む前、死ぬということは、人間にとって一番こわいことだと考えていた。だから、人間の幸福は死なないこと、長生きすることだと考えていた。だが、この本を読んで思ったのは、人間はどう死ぬかが大事だということだ。どう死ぬかということが、どう生きるかということなのだ。いっしょうけんめいに生きた人は、自分らしく死ぬことができる。死ぬことをおそれているばかりでは、自分らしく生きることもできないのだ。

本を読んだことで何を考えさせられたのか、伝わってくるね。

ポイント

自分の考えがどう変わったか？

「ジャンプ」の部分には、その本を読んだ「感想」を書きます。ただ、感想と一口に言っても、何を書けばいいのかわからないことでしょう。そこで、ポイントの一つ目は、**「何を考えさせられたか」を書くこと**です。その本を読んで、何かを考えさせられたはずです。それを素直に書きましょう。

でも、そうは言っても、「友情の大事さを感じた。」「人間の素晴らしさを考えさせられた。」と書くのでは、いかにも、いい加減です。

その本を読む前は、そのことについてどう考えていたか、そして読んだ後は、その考えがどう変わったかを書くと、もっとわかりやすくなります。「この本を読む前は、友情というのは、気が合っていっしょに遊ぶこと、というように簡単に考えていたけれど、この本を読んでから、友情というのは、命がけのものだとわかった。」と書くと、読んでいる人にも、君が何を感じたのかストレートに伝わります。

4 書き方パターン②

不思議に思ったこと

例

最初にこの本を読んだとき、私がどうしてもわからなかったのは、最後に、なぜ勇太が笑い出したかということだ。あんなにひどい目にあわされたのに笑うなんて、と思った。だが、しばらく考えてわかったような気がした。もしかしたら、勇太は悲しんでいる自分のことがおかしくなったのではないだろうか。「あああ、こんなことで悲しんでいるなんて、自分らしくない。こんなことは笑いとばしてしまおう。」そう思って笑ったのではないだろうか。だから、笑った後、山に向かって歩き出したのだ。それがわかったとたん、私はますます勇太が好きになった。勇太はそれほど強い人間だったのだと思った。

ポイント 「なぜ？」の答えも考えてみよう！

「ジャンプ」の部分に書く「感想」の二つ目のポイントは、その本を読んで**「不思議に思ったこと」を書くこと**です。

「なぜ、登場人物はそんなことをしたのだろう。」「なぜ、あのとき、登場人物はそんなふうに考えたのだろう。」「なぜ、その時代はみんながそんなことをしていたのだろう。」そんな疑問があるはずです。それを書いても、感想文になります。

小学生の新せんな目で見ると、世の中は疑問だらけのはずです。そんな疑問の中には、大人がはっとさせられるものもたくさんあります。そうしたことを書きましょう。

ですが、「不思議に思った。」とだけ書いたのでは、感想文としては、不十分です。**不思議に思うだけではなく、なぜそうなのかを自分で考えてください。**つまり、自分で感じた疑問を自分で解決しようとするわけです。

自分で解決するのが難しかったら、本を読んで疑問に思ったことをお父さんやお母さんに聞いてみるのもいいでしょう。そして、人にたずねたことを感想文に正直に書いても構いません。

5 書き方パターン③ 自分ならどうするか

例

ロビンソンは無人島にいるのに、毎日ノートを書いて、計画どおりに小麦を作ったり、野生の動物を飼育（しいく）したりした。もし、ぼくが同じ立場だったら、何もしないで悲しむだけだろう。悲しみがなくなっても、きっと目の前にあるものを取って食べるだけだろう。ロビンソンのように熱心に仕事をしないと思う。だれも見ていないのだから、いくらでもなまけられるはずだ。それなのに、ロビンソンはなまけない。だんだんと豊（ゆた）かな世界を作っていく。それはきっと、ロビンソンが神様を信じているためなのだと思う。神様がいてくれるから、他の人に命令されなくても、しっかりとしていられるのだ。

自分とのちがいを発見しているね。

ポイント 登場人物とのちがいを考えてみよう

「ジャンプ」の部分のポイントの三つ目は、**「自分ならどうするか」を書くこと**です。

「もし、自分が登場人物の立場ならどうするか。」きっと、君たちは、そんなことを考えながら本を読んでいるはずです。「登場人物はこうしたけど、自分だったら、別のようにしただろう。」というふうに考えてください。

ただ、それだけでは感想文としては物足りません。場合によっては、子どもっぽすぎると思われてしまいます。

それをさけるには、まず、自分に登場人物と同じような経験(けいけん)がなかったかどうか、自分の親や友達になかったかどうか、考えてください。

そして、**登場人物と自分や自分の家族が、どんなふうにちがうのか、考えてください。**

その登場人物と君のどこがちがうために、別の行動をとるのか、考えるわけです。そうすることで、本に書かれていることの意味がはっきりとわかってきます。

6 書き方パターン④

どこがおもしろかったか

例

私がこの本でおもしろいと思ったのは、物語の時代だ。もうすぐ第一次世界大戦が始まるというのに、みんな平気でいる。何とかなると思っているらしい。今の私たちから見ると、戦争が始まるとも知らないで、のんきにしているのを変だと思うが、当時はそれが当然だったのだろう。そうして、平和がいつまでも続くと思っているのだ。アリサのお父さんのような一部の敏感な人だけが、戦争が始まると知って、戦争でひともうけしようと思い、準備を整えている。大きな出来事が起こる前というのは、いつもこうなのかもしれないと思った。

自分の目のつけどころで個性を出せるね。

ポイント

本の中心テーマでなくてもOK

「ジャンプ」の部分に書く「感想」の四つ目のポイントは、**本の中でおもしろかったのはどんなところか、なぜおもしろかったのかを書くこと**です。「この本の中で私がおもしろいと思ったのは……」というように、この段落を書き始める感じで良いのです。

場合によっては、**おもしろかったところは、本の中心的なテーマでなくても構いません。**友情について書かれた本の中で、おもしろいと思ったのは、主人公のお父さんのことであっても良いのです。

ただ、そのように中心テーマとはちがったことを書くとすると、かなりおもしろく個性的なことを書かないと、あまり感心してもらえません。それどころか、中心テーマを読み取れていない、と思われてしまいます。

逆に言うと、個性を示したいとき、この方法で書くと書きやすくなります。そして、その場合は、「きっと、他の人はこんなところがおもしろかったと言うだろうが、私がおもしろかったのは、別のところだ。」という感じで書けばいいでしょう。

7 書き方パターン⑤ 作者に反論してみる

例

作者は、メロスの友達思いの優しい心の美しさをうったえたいのだと思う。ぼくも、メロスの心に感動する。だが、本当にそんな心の美しい人がいるのだろうか。どんなに心の美しい人でも、自分だけは助かりたいと思うのではないだろうか。自分が助かりたいために友達を裏切っても、しかたがないと思う。だれもその人を責めないだろう。ぼくは、友達を裏切る人の心もわかるような気がするのだ。

ポイント 「そうとは限らない」とするどく考える

感想文で最も高度なのは、**本のテーマをしっかりと読んで、それに反論することです。**これが、「ジャンプ」で勝負するポイントの五つ目で、最終兵器です。

例えば、本の中で作者が「思いやりが大事」と書いているとします。それに対して、「思いやりが重荷になることもある。」というように書くわけです。

本当を言えば、一番高度なのは、作者の考えに真正面から反論することですが、君たちはまだ小学生ですから、人生経験があって勉強もしている大人に向かって本気で反論するのは難しいかもしれません。それに、知識が不十分なのに反論すると、まちがった主張になることがあります。

ですから、**「作者はこう言っているが、そうとは限らない。そうでない場合もある。」**というように書くのです。そうすることで、知性とするどさをアピールできます。

また、反論ではなく、作者の言いたいことに同意して、似たような自分の体験を書いてみるのもよいでしょう。

読書感想文の具体例

『シンデレラ』の感想文に挑戦しよう！

みなさんは『シンデレラ』の話は知っていますよね。新しいお母さんにいじめられていたシンデレラが魔法の力で舞踏会に行き、シンデレラの足にしか合わないガラスのくつのおかげで王子様と結婚する話です。もし、思い出せなかったら、絵本でもいいですから、読んでみてください。そして、感想文を書く練習をしてみましょう。

チャレンジ

ここまで説明した「書き方パターン① 考えさせられたこと」から、「書き方パターン⑤ 作者に反論してみる」まで、どれか一つ（または、それ以上でも構いません）の書き方パターンで、『シンデレラ』の感想文の「ジャンプ」の部分にあたる短い感想を自分のノートに書いてみましょう。

感想文の例　パターン❶「考えさせられたこと」を書く

『シンデレラ』の作者が本当は何を言いたかったのか、私にはよくわからない。だが、シンデレラを読んで考えさせられるのは、どこからか自分を見守ってくれている人がいるものだということだ。シンデレラには、かわいそうに思ってくれる妖精がいた。自分のことなんてだれもわかってくれないと、つい私は言いたくなるが、親や友達や、もしかすると知らない人が、きっと見ていてくれて、ときどきは助けてくれるのだ。そんな希望をシンデレラはあたえてくれるのだ。

感想文の例　パターン❷「不思議に思ったこと」を書く

『シンデレラ』の物語で私が不思議に思うのは、お城で会ったお姉さんたちが、シンデレラに気がつかないことだ。毎日顔を合わせている義理の妹と会ってわからないものだろうか。だが、考えてみると、そんなものなのかもしれない。いつものみすぼらしいシンデレラではない、きれいなお姫様の姿なのだから。きっと、人間は本当の顔を見ているのではなくて、服やおけしょうを見ているのだ。特に、お姉さんたちは、相手の本当の心を見ることができず、外見だけしか見ない人たちだったのだろう。だから、シンデレラに気がつかなかったし、シンデレラの本当の価値がわからなかったのだろう。

感想文の例　パターン❸「自分ならどうするか」を書く

妖精が何でも願いをかなえてくれると言ったら、ぼくなら舞踏会に行きたいとは言わない。「大発明家になりたい」とか「世界一のお金持ちになりたい」と答えるだろう。それなのに、シンデレラは「舞踏会に行きたい」と答えた。それほど、舞踏会に行くお姉さんたちがうらやましかったのだろう。でも、それだけだろうか。きっと、ほんのちょっとの間でいいから夢を見たかったのだ。はなやかな気分を少しだけ味わいたかったのだ。現実的な希望ではなく、夢を答えたのだ。

感想文の例　パターン❹「どこがおもしろかったか」を書く

ぼくが『シンデレラ』の物語でおもしろいと思うのは、魔法の力でネズミが馬に変わって、カボチャが馬車に変わるところだ。ネズミもカボチャも貧しい生活の中のみじめなものだ。シンデレラはカボチャばかり食べさせられて、ネズミのいる部屋でそうじをさせられて、うんざりしていたはずだ。ところが、魔法の力で、そのネズミやカボチャがあっという間に、ごうかできれいなものに変身する。みじめな現実が、あっという間に夢の世界に変わるわけだ。ぼくはこの場面に一番わくわくする。

感想文の例　パターン❺「作者に反論してみる」を書く

『シンデレラ』の物語からは、心のきれいな女の人は、いつか王子様に愛されて幸せになれるというメッセージが伝わってくる。でも、本当にそれがシンデレラにとって一番の幸せなのだろうか。もちろん義理の姉たちにいじめられる生活よりはずっと良いが、お姫様としての生活もまた、不自由さがあるのではないか。ぼくだったら、もっと自由に好きなことをして生きていきたいと思う。王子様に愛されることでしか幸せになれなかったシンデレラは、本当に幸せ者と言えるのだろうか。

読書感想文って
苦手だったけど、
書ける気が
してきたぞ。

読書感想コンクールに入賞する方法

せっかく読書感想文が書けるようになったのですから、
いっそのこと、コンクールに挑戦してみましょう。
「ぼくには関係ないや」なんて言わないで。
これまで作文を学んできた君なら、
コンクールに上位入賞する実力を備えているはずです。
しかし、コンクールに入賞するには、工夫が必要です。
そこで、この章では、個性的な読書感想文の書き方を紹介します。

1 上級テクニック① 「ジャンプ」から始める

例

人間というのは、このハトのように、どんなに苦労しても、目的地をめざして飛んでいくしかないのだろうか。ぼくは、『ハトの冒険』を読んでそれをまず思った。

ぼくがこの本を読んだのは、ただ動物が好きだったからだ。

子どものころから、『ファーブル昆虫記』や『シートン動物記』ばかりを読んでいた。

だから、物語を読むのはあまり好きではない。

だが、この本だけはちがった。……


考えたことの一番深い部分を最初に書いているね。

ポイント

映画の予告編風に興味を引く！

「ホップ・ステップ・ジャンプ・着地」が作文の基本ですが、ありきたりの文章をたくさん読んで退屈している審査員をおどろかせて、楽しませてあげましょう。そのためには、**最初にとっておきの感想を言ってしまって、審査員の興味を引く**のです。

映画に予告編というのがあるのは知っていますね。映画の一番おもしろそうなところを少しだけ見せて、その映画を見たいという気にさせるためのものです。

こうした予告編のように、とっておきのおもしろいところを、**最初に少しだけ書いてしまう**のです。それも、ふつうの人とはちがった個性的な感想を書くわけです。

でも、気をつけてください。**ジャンプの部分を全部、最初に書くわけではありません。ジャンプの部分の出だしのところだけを書けばいいのです。**そして、審査員の注意を引くことができればしめたもの。

あとは、ホップ・ステップ・ジャンプの残りの部分・着地と続けてください。そして、本来のジャンプの部分で、出だしの部分とうまくつなぎ合わせるのです。

② 上級テクニック②
関係のない話で始める

例

ぼくはお父さんが好きだ。ふろにいっしょに入ったときに昔話を聞いて、もっと好きになった。

お父さんは、中学生のときに父親をなくしたので、その後、すぐに働かなくてはいけなかったそうだ。中学生なのでやとってくれるところは少なく、早朝の新聞配達をすることになった。最初は配達を忘れた家から苦情がきて、あやまりに行くこともあったが、慣れてくると、決まってあいさつしてくれる人もできて、はげまされたという。

ぼくは『ハトの冒険』を読んで、お父さんのことを思い出した。お父さんの苦労とハトの苦労が似ていると思うからだ。この本の中で、ハトは……

本とのつながり
がわかると
興味がわくね。

つながりを明かして心をつかむ！

ポイント

審査員に、アレアレと思わせるような、**本とは無関係な話で書き出す方法**を紹介します。

例えば、君のお父さんの苦労話や、君自身が経験した話を書きます。ただし、できるだけ印象的な話でないと審査員の興味を引けませんので、できるだけ、具体的に書く必要があります。それがホップです。

そうしておいて、**ステップで、本との関係を説明します**。「初めに書いたお父さんの経験も、この本の中のハトの苦労と似ているのではないだろうか。」というように書きます。関係がないと思ったこととのつながりが明かされると、審査員の**心をつかむ**ことができるのです。

あとは、ジャンプでその本についてのできるだけするどい感想を書きます。そして、着地です。せっかくホップに印象深い話を書いたのですから、ここでもう一度、ホップで書いた話を出してくると、すっきりとまとまります。

例えば、「お父さんも、きっとハトと同じような満足感を味わったことだろう。」というようにまとめるとよいですね。

3 上級テクニック③ 「ステップ」から始める

例

ハトは、ある夜、あわれな姿のメスバトと出会う。初めは、きたない羽を不潔だと思って、遠くにいようとする。ところが、そのメスバトが低い声で歌を歌いだすと、ハトはなつかしい気持ちになる。どこかで聞いた歌だ、どこだっただろう、と考える。そうして思い出すのだ。その歌が、小さいころ母親に歌ってもらっていた子守歌だったことを。もしかしたらとハトは思い始める。「そんなはずはない。自分の母親がこんなみじめできたないはずがない。」と思う。一度は、そのまま帰ろうとするが、ついもどってしまう。そして、メスバトに話しかける。

ぼくが、『ハトの冒険』のなかで好きなのは、母親と再会するこの場面だ。ハトは、子どものころ、一人になって……（こうして、ストーリーを簡単に説明する。）

最初に
場面の説明を
書いているね。

ポイント 説明をドラマチックに！

まず、本の中で一番おもしろかった場面を説明します。できるだけドラマチックに、おもしろく説明します。いかにも目の前でその場面が動いているように。そうすることによって、君の素直な感動を伝えるわけです。

この方法で書くときには、ホップ、つまり本を読んだきっかけなんて書かなくて構いません。全体のストーリーもそれほどくわしく書く必要はありません。

そして、その後で、最初に書いた場面にどんなに感動したか、その場面についてどう考えたかを「ジャンプ」に書き、「着地」でしめくくってください。

4 上級テクニック④ 主人公への手紙形式

例

ハト君。お母さんと会ったときの君の気持ちを考えると、ぼくは胸が苦しくなります。君は、あわれな姿のメスバトと会ったとき、初めは、きたない羽を不潔だと思って、遠くにいようとしましたね。ところが、そのメスバトが低い声で歌を歌いだすと、なつかしい気持ちになりました。それが、どこかで聞いた歌だったからです。そうして君は思い出しました。その歌が小さいころ歌ってもらっていた子守歌だったことを。君は「そんなはずはない。母親がこんなみじめできたないはずがない」と思いました。一度はそのまま帰ろうとしましたが、ついもどってきます。

ぼくが、『ハトの冒険』の中で好きなのは、君が母親と再会するこの場面です。君は、子どものころ、一人になって……（こうして、ストーリーを簡単に説明する。）

ポイント

視点を変えて個性をアピール

もう一つ、かなりの高度な方法があります。ちょっとキザで、ちょっと凝りすぎ、という面もありますが、個性をアピールするには良い方法です。それは、**主人公への手紙という形にする方法**です。

「私は○○と思いました。」という視点が変わって、「(主人公は)○○でしたね。」と語りかけるのですから、読んでいる審査員におどろきをあたえることができます。例えば、「明夫君、ぼくは、君のことを書いた本を読んでおどろきました。なぜかというと、君は、……」というように書き出します。

手紙の形は本書で勉強してきた「ホップ・ステップ・ジャンプ・着地」でも構いません。その場合には、ホップを「明夫君、ぼくが君に興味をもったのは、偶然、図書館で君のことを書いた『……』という本を手に取ってからです。」のように書けばいいでしょう。

そのほか、この章で説明してきた三つの書き方（「ジャンプ」から始める・関係のない話で始める・「ステップ」から始める）も使えます。

「ジャンプ」から始める場合、「明夫君、人間は、本当に君が思っているように、苦労しなければいけないものなのでしょうか。」

関係のない話で始める場合、「明夫君、君にはたいしたことではないかもしれませんが、ぼくは先月山に登りました。」

「ステップ」から始める場合、「明夫君、君は家の前でなみだを流しましたね。そのとき、家の中からおばあさんが出てきて、君をなぐさめました。」という具合です。

5

上級テクニック⑤

ひねくれ者になる

例

ぼくは、このハトがきらいだ。みじめすぎる。真面目(まじめ)すぎる。なぜ、いつも一人で考えこんでいるのだろう。一人でいるのも大事だが、友達を作って、もっと新しい考えを取り入れることも大事なのではないだろうか。ハトは、ずっと変わらない。物語の初めから最後まで、同じ考えのままだ。それが立派(りっぱ)なことだろうか。大人になって変わるのが自然だと思う。友達ができて、いろいろな考えを知れば、自然と変わるのだと思う。だが、このハトは変わらない。変わるまいとして、がんこに自分の中に閉(と)じこもっている。ぼくはこういう生き方は好きではない。

ありふれた意見ではないことが書けているね。

ポイント ありふれた考えをぬけだそう！

読書感想文も、作文と同じようにおもしろくなければいけません。おもしろくするには、**ありふれたことを書かない**ことです。ありふれたこと、みんなが考えそうなことが、一番つまらないことなのです。

じっと自分の心の中を見てください。みなさんは、本当はありふれたことを考えているわけではないはずです。正直な、自分だけの感想をもっているはずです。ところが、だんだんと自分の心をじっと見つめるのがめんどうになって、ありきたりの考えを受け入れます。自分の本当の心を見つめないまま、みんなが言っていることを受け入れてしまうのです。

本当の正直な気持ちを思い出してください。

そのためには、**ありふれた考えを否定**(ひてい)**してみてください。**わざとひねくれ者になってみてください。そうすることで、本当に正直な気持ちを思い出すはずです。

みんなが、「友情(ゆうじょう)は素晴(すば)らしい。」と書きそうだったら、もっと他のことは書けないだろうかと考えてみてください。「友情(ゆうじょう)は素晴(すば)らしくない。」と考えてみるのもいいでしょう。ちょっとの間、ひねくれ者になってみてください。

もちろん、ひねくれたことをそのまま書くのは感心しません。しかし、**ひねくれて考えているうちに、ありふれた考え方では見えない考えが見つかるはずです。**おもしろい考え、個性的(こせいてき)な考え、するどい考えを思いつくはずです。

それをジャンプの部分に書くつもりでいれば、きっと個性的(こせいてき)な感想文になるでしょう。

練習問題

好きなドラマ、映画（えいが）、本、漫画（まんが）など作品を一つ選んで、六〇〇字程度（ていど）で感想を書きましょう。

作品名
「　　　　」

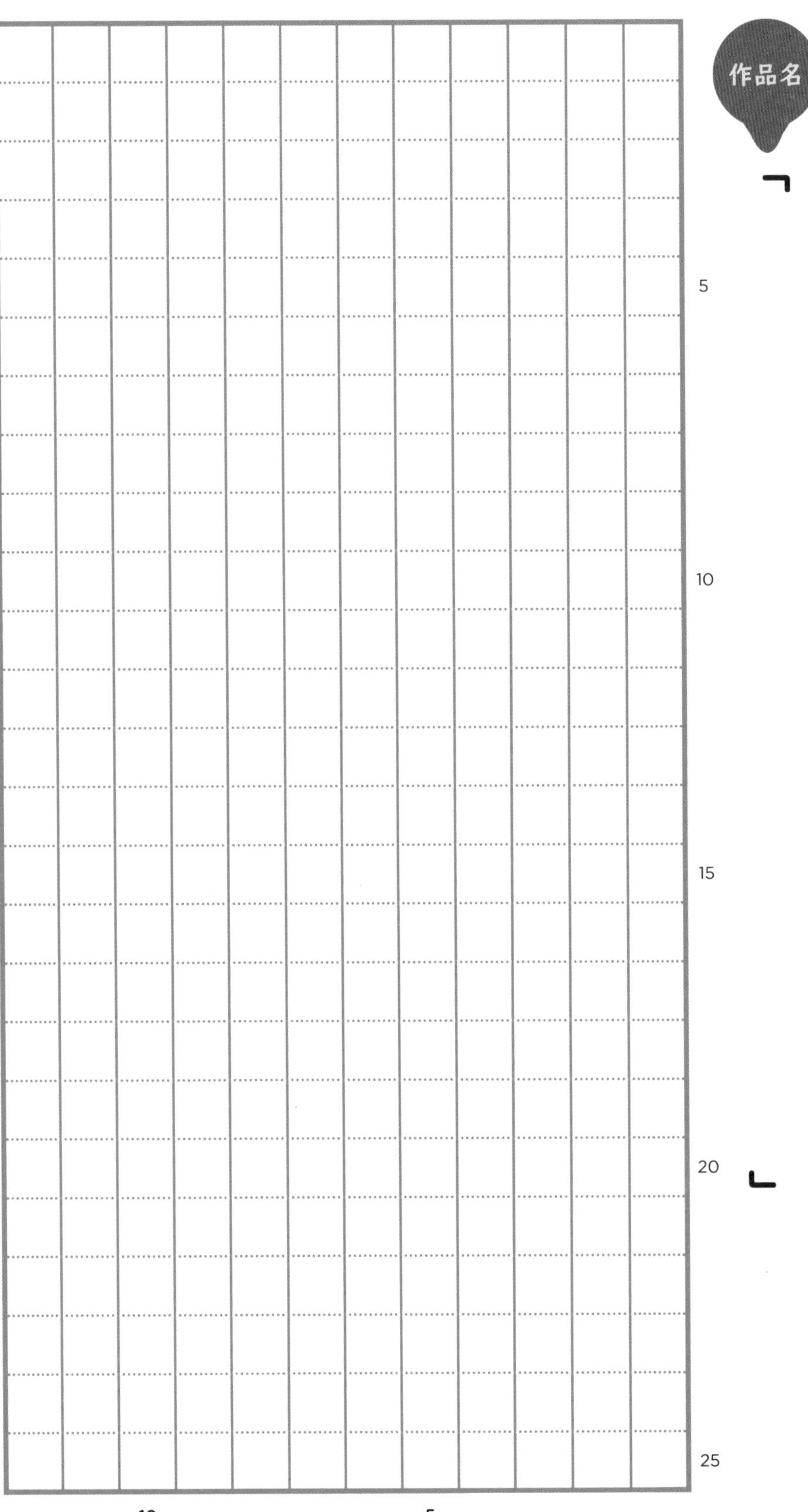

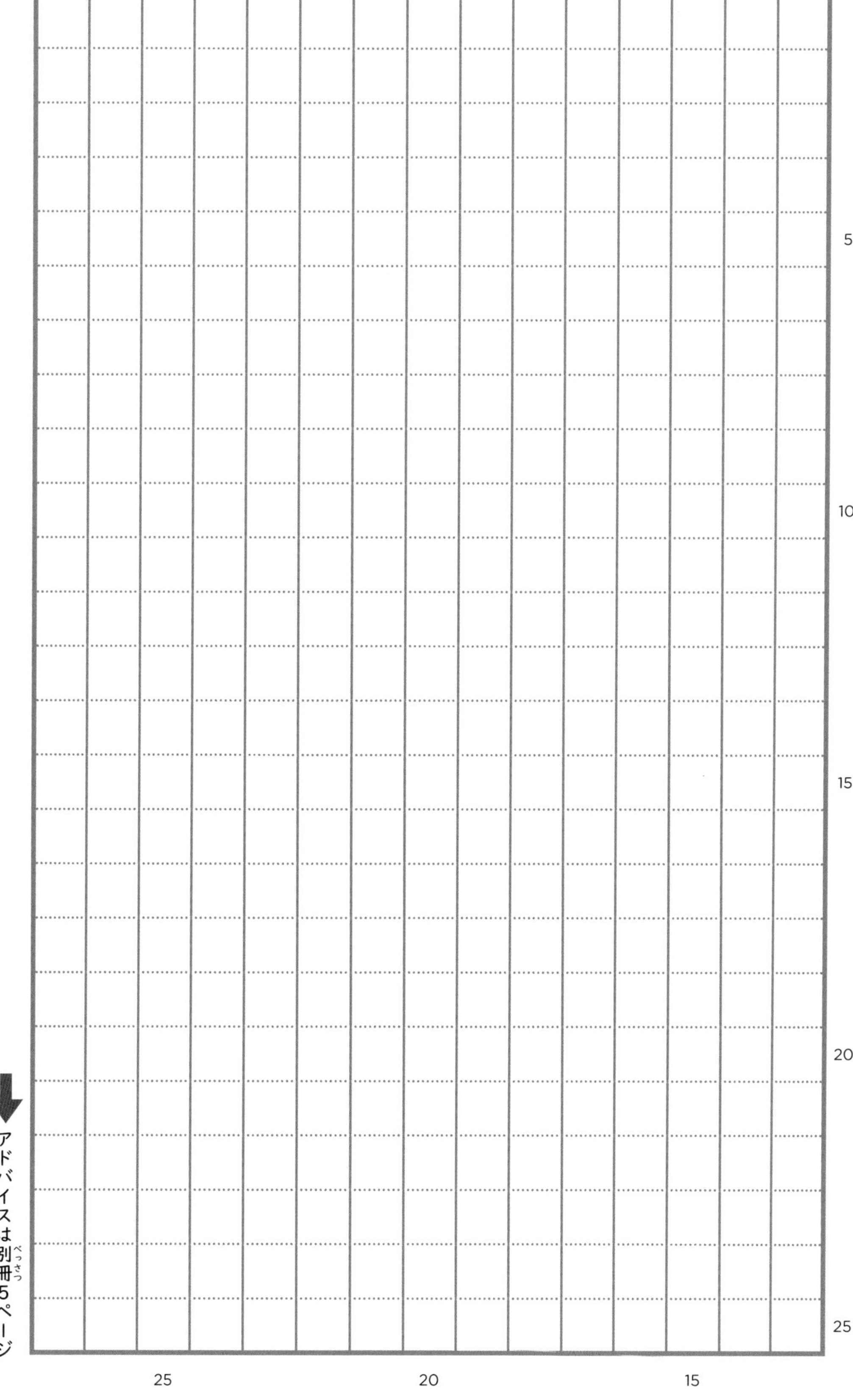

アドバイスは別冊5ページ

ぼくの作文で、みんなを
びっくりさせちゃうぞ。

小論文・記述式問題のコツ

これまで作文の勉強をしてきましたが、この章では、
最後に応用編として、もう少し難しい文章を紹介します。
小論文という文章の形式や、記述式問題を見てみましょう。
これからの時代、思考力や書く力は、いっそう重視されます。
ぜひ、今のうちからいろいろな文章にふれ、
苦手意識をなくしていきましょう。

1 小論文って何？

ポイント 作文と小論文のちがい

「作文」というのは、ある出来事の感想を生き生きとした文章で書こうとするものです。ところが「小論文」はそうではありません。新聞などで問題になっているようなことについて、感想ではなく、**世の中全体のことを考えながら、それが正しいかどうか、どうすればいいのか、といった意見を伝える文章**のことです。

最もわかりやすいちがいは、ある問題に対して**イエスかノーか、つまり賛成か反対を答える意見を書いたものが**「小論文」で、作文はそうではないという点です。

例えば、「自然環境」について書くように求められたとき、まず「自然環境を守れるか」とか、「自然環境を守るほうが物にあふれた生活をするよりも大事か」といった問いを立て、それについて、賛成なのか、反対なのかを論じるのが小論文なのです。

ポイント 小論文を書くときに気をつけること

小論文には、次のような作文とのちがいがあるので、気をつけてください。

❶文章やテクニックにこだわらない。

この本の中で、これまでさまざまな作文のテクニックを学びましたが、小論文を書くときには、あまりテクニックを使うべきではありません。書き出しや表現に凝る必要もありません。小論文は文章力やテクニックではなく、**知識と思考力**を見せるものです。ですから、あまりテクニックにたよると、「ごまかし」と思われてしまいます。

❷具体的に書きすぎない。

小論文でも、もちろん具体的に書かなくてはいけませんが、あまり具体的すぎると、論が先に進みません。出来事をくわしく書くよりも、**ある出来事が正しいかどうか、それについてイエスかノーか、そして、その理由や対策は何か**を書くことが大事です。

❸感情的な言葉を使わない。

「作文」だったら、「おもしろかった」「楽しかった」「うれしかった」「悲しくなった」などの言葉を使っても構いません。ところが、小論文の場合は、そのような感情を表す言葉は使わないほうがいいでしょう。**感情的にならずに、ある問題が正しいかどうかを説明すること**がポイントです。

②「ホップ・ステップ・ジャンプ・着地」の応用

「作文」で学んだ型を応用すれば、小論文の文章になります。「作文」とのちがいに気をつけて、例を見てみましょう。

例

ごみや空気のよごれのために、地球が人間の住めないところになると言われている。私の住む町でもごみが問題になっている。では、これから自然を守ることができるのだろうか。

確かに、地球を守るのは難しい。人間が生きていくため

何が問題となっているかをはっきりさせます。全体の10パーセントほどで構いません。

ステップ 2

イエス・ノーのどちらの立場を取るかをはっきりさせます。反対の立場の意見も示し、「確かに、別の考え方もある。しかし、私は、それには反対だ。」というパターンが書きやすいでしょう。

には、山をけずったり、海をうめ立てたりしなければいけない。地球をこわして人間は生きているのだ。だから、地球を守るのはそれほど簡単なことではない。しかし、このままにしておいたら、いずれ地球はほろびるだろう。だから、私たちの手で地球を守る必要があるのだ。

　私たちは必要のないものをたくさん買って、余ったものを捨てている。そのために、たくさんの地球の資源をむだに使っている。私たちが、むだ使いをしなくなるだけで、地球の命をずっと長くのばせるはずだ。そのためには、もっとリサイクルをして、ものを大事にすることが大切だと思う。

　このように、私たちがものを大事にすれば、地球を守ることができると私は考える。

「ステップ」で書いたことに説得力をもたせるための部分です。そう考える理由、そして、それをもっと良くする対策などを書きましょう。

　もう一度全体を整理して、イエスかノーかをはっきり述べる部分です。努力目標や余韻をもたせるような結びの文などはいりません。イエスかノーかをきちんとまとめましょう。

3 小論文の書き出し4パターン

パターン1 疑問文で始める

問題となっている疑問点をズバリと書きます。「……だろうか。」「……ではない。」という疑問文にすると、読み手に、「……と言おうとしているとと思われるおそれがありますので、そんなときには、それに続けて「**……かどうかについて考えてみたい。**」と書けばよいでしょう。

例

自然破壊が問題になっているが、これから先、人類は自然を守っていけるのだろうか。それについて考えてみたい。

パターン2 客観的事実で始める

「**新聞では……。**」「**テレビで、……を見た。**」というように、新聞やテレビの報道などの客観的な事実で始める方法です。

例

テレビで、砂ばく化が進んで、自然環境が破壊されていることを伝えていた。人間は砂ばく化を防いで、自然環境を守っていくことができるのだろうか。

パターン3 個人的体験で始める

自分の体験を使って書き始める方法です。うまく書くと、個性的な書き出しになりますが、体験を書きすぎると、長くなってしまいます。小論文は、主張を語る場なのですから、体験は本論を導き出すための「前置き」にすぎません。**「……というようなことがあった。そのとき、〇〇について考えた。」**というくらいが、最も書きやすいでしょう。

例

私の祖父の家の近くに、最近ゴルフ場ができた。喜んでいる人も多いが、母は、これは自然破壊だから、ゴルフ場に反対だと言っていた。ゴルフ場を作って、自然を破壊していいのだろうか。

パターン4 結論で始める

「私は、……に賛成（あるいは反対）だ。」というふうに、初めに結論を書く方法です。初めにはっきりと結論を言うので書きやすいのですが、結論を先に言ってしまうために、すぐに書くことがなくなることがありますので、注意が必要です。この後の書き方は、ステップ・ジャンプ・着地と続けます。第二段落は、「確かに、……。しかし……」というように続けていきます。

例

これからは、何よりも自然を重視するべきだと、私は考える。

練習問題

次の文章は「地球環境」という題で書かれた小論文の「ジャンプ」の部分ですが、どれもあまり良い文章ではありません。その理由を考えてみましょう。

1

自然は私たちにとって大事なものだ。だから、大切にしなくてはいけない。自然はかけがえのない、素晴らしいものだ。私たちを毎日見守ってくれるのは、地球なのだ。その地球をこわすなんて、なんて人たちだろう。そんな人たちを許してはいけない。

2

ぼくは家族で近くの山にハイキングに行った。きれいな自然だった。森も花も空も太陽もきれいだった。「わあ、素敵!」とお母さんが言った。ぼくもそう思った。ぼくは、ちょうちょうを見つけた。かわいかった。何びきも花の周りを飛んでいた。こんな素敵な森を大事にしたいと思った。

❸

自然は私たちにとって、お母さんのようなものだ。私たちはお母さんのおかげで生きている。いろいろなものをあたえてくれる。まるで、毎日のご飯のように、私たちを大きくしているのだ。その地球をひどい目にあわせるのは、お母さんを悲しませるようなものだ。そんなことをしてはいけない。

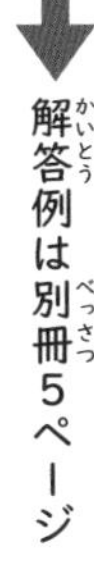
解答例は別冊5ページ

記述式問題って何？

ポイント　文章で説明する国語の問題

記述式問題とか論述式問題と呼ばれている文章問題があります。「□□という言葉の意味を説明しなさい。」「〇〇の理由を五〇字以内で説明しなさい。」「文章を一〇〇字以内にまとめなさい。」というような問題です。つまり、選択問題でも、書きぬき問題でもなく、**文章で説明する国語の問題のことを、記述式問題と呼**ぶわけです。

この種の問題は、基本的には国語力がないと、いくら文章の書き方を知っていても、何も書けません。「作文」ではありませんので、これまで学んできたテクニックなどは使えないことがほとんどです。

ただし、**作文の勉強で養ってきた文章を書く力は、この場合もモノをいう**はずです。また、これまでの作文を書く練習によって、文章の組み立て方や表現方法がわかるようになって、文章を正確に読み取る力もついているはずです。それが、記述式問題にはとても役立ちます。

次のページに、実際の入試問題を例題として掲載しています。少し難しいですが、文章を書く力の応用として、挑戦してみましょう。

例題　筑波大学附属駒場中学校　入試問題

ただし、問六を追加しています。

［注意］本文には、問題作成のための省略や表記の変更があります。句読点は字数に数えます。

次の文章を読んで、後の問いに答えなさい。

これまでは、自分が実際に歩んできた道のりを書いてきました。こうして振り返ってみると、たしかに多くの人が行かないような場所や、体験しえないような行為をしてきたのかもしれません。このような経験によって、ぼくは世間から「冒険家」などと呼ばれることもあります。

しかし、辺境の地へ行くことや危険を冒して旅することが、果たして本当の冒険なのでしょうか？そもそも「冒険」や「旅」には、いったいどんな意味があるのでしょう？

①観光旅行に行くことと旅に出ることは違います。観光旅行はガイドブックに紹介された場所や多くの人が何度も見聞きした場所を訪ねることです。そこでは実際に見たり触れたりする喜びはあるかもしれませんが、あらかじめ知り得ていた情報を大きく(注)逸脱することはありません。一方、旅に出るというのは、未知の場所に足を踏み入れることです。知っている範囲を超えて、勇気を持って新しい場所へ向かうことです。それは、肉体的、空間的な意味あいだけではなく、精神的な部分も含まれます。むしろ、精神的な意味あいのほうが強いといってもいいでしょう。

人を好きになることや新しい友だちを作ること、はじめて一人暮らしをしたり、会社を立ち上げたり、いつもと違う道を通って家に帰ることだって旅の一部だと思うのです。実際に見知らぬ土地を歩いてみるとわかりますが、旅先では孤独を感じたり、不安や心配がつきまといます。旅人は常に少数派で、(注)異邦人で、自分の世界と他者の世界の間にあって、さまざまな状況で問いをつきつけられることになります。多かれ少なかれ、世界中のすべての人は旅をしてきたといえるし、生きるとはすなわちそういった冒険の連続ではないでしょうか。

生まれたばかりの子どもにとって、世界は異質なものに溢れています。もともと知り得ていたものなど何もないので、あるがままの世界が発する声にただ耳を澄ますしかありません。目の前に覆いかぶさってくる光の洪水に身をまかせるしかないのです。そういった意味で、②子どもたちは究極の旅人であり冒険者だといえるでしょう。歳をとりながら、さまざまなものとの出会いを繰り返すことによって、人は世界と親しくなっていきます。やがて、③世界の声は消え、光の洪水は無色透明の空気みたいになって、何も感じなくなっていくのでしょう。それは決して苦しいことではありませんから、世界との出会いを求めることもなくなり、異質なものを避けて五感を閉じていくのかもしれません。そうして世界がすでに自分の知っている世界になってしまったとき、あるがままの無限の世界は姿を変えて、ひどく小さなものになってしまいます。そのことを否定するつもりはまったくありませんし、自分もそうならないとは限りませんが、(注)不断の冒険によって④最後の最後まで旅を続けようと努力したいとぼくは思うのです。

現実に何を体験するか、どこに行くかということはさして重要なことではないのです。心を揺さぶる何かに向かいあっているか、ということがもっとも大切なことだとぼくは思います。だから、人によっては、あえていまここにある現実に踏みとどまりながら大きな旅に出る人もいるでしょうし、ここではない別の場所に身を投げ出すことによってはじめて旅の実感を得る人もいるでしょう。

ぼくが冒険家という肩書きに違和感を抱く理由がわかっていただけたでしょうか。いま生きているという冒険を行っている多くの人々を前にしながら、登山や川下りや航海をしただけで「すごい冒険だ」などとは到底思えないのです。

（石川直樹『いま生きているという冒険』による）

（注）○逸脱する＝外れる。
○異邦人＝外国人。異国人。
○不断の＝絶え間ない。

問一 ――①「観光旅行に行くことと旅に出ることは違います」とありますが、どう違うのですか。

問二 ――②「子どもたちは究極の旅人であり冒険者だ」とありますが、筆者はなぜ「究極の」という表現をしているのですか。

問三 ――③「世界の声は消え、光の洪水は無色透明の空気みたいになって」とありますが、どういうことですか。

問四 ――④「最後の最後まで旅を続けようと努力したい」とありますが、筆者はなぜこう考えるのですか。

問五 筆者の「旅」の説明に従って、あなたの「旅」の経験を、一〇〇字以上、一四〇字以内で書きなさい。

問六 文章全体を一五〇字以内にまとめなさい。

解答例は別冊6ページ

カバーデザイン　TYPEFACE
本文デザイン　TYPEFACE
イラスト　オオノマサフミ
編集協力　白藍塾、佐藤玲子
校正協力　株式会社 オルタナプロ、粕谷佳美
DTP　有限会社　新榮企画

作文力ドリル
作文の基本編 小学高学年用

2020年4月28日　初版第1刷発行
2022年4月29日　第3刷発行

著　者　樋口裕一
発行人　志村俊幸
編集人　志村俊幸
編集長　八巻明日香
発行所　株式会社　学研プラス
〒141－8415　東京都品川区西五反田2-11-8
印刷所　株式会社 リーブルテック

この本に関する各種お問い合わせ先
●本の内容については、下記のサイトのお問い合わせフォームよりお願いします。
https://gakken-plus.co.jp/contact/
●在庫については　Tel 03-6431-1199（販売部）
●不良品（落丁、乱丁）については　Tel 0570-000577
学研業務センター　〒354-0045　埼玉県入間郡三芳町上富279-1
●上記以外のお問い合わせは　学研グループ総合案内　Tel 0570- 056-710

学研の書籍・雑誌についての新刊情報・詳細情報は、下記をご覧ください。
学研出版サイト　https://hon.gakken.jp/

③

作文力ドリル

作文の基本編　小学高学年用

答えとアドバイス

おうちの方へ

○文章で答える問題は、答えの「例」を示しています。「アドバイス」とともに、お子さんへのご指導にお役立てください。

本体と軽くのりづけされていますので、はずしてお使いください。

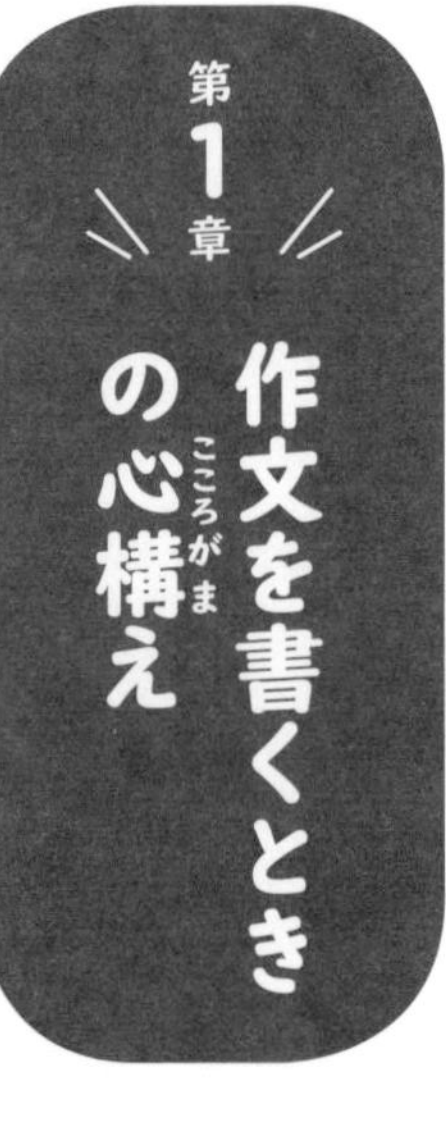

練習問題1

↓14ページ

【解答例】

❶自分の分より先に、私の分の宿題を手伝ってくれました

❷私の家族とレストランでご飯を食べて、いつの間にかいいなくなってしまいました

❸真っ暗な道を走って追いかけました

❹もっと女の子にも**て**るように、かっこいい服をプレゼントしました

❺ドラマの世界で、一番目立つように行動しました

❻駅で、出発日が前日だったことに気がつきました

練習問題2

↓18ページ

【解答例】

❶

①（私（ぼく）は犬です。）

②ぼくは毎日、ね転がって、ときどき主人のきげんを取るだけでのんびりと暮らしています。

③けれども、そのうち、主人にあきれられてしまいました。そこで、歌の上手な犬になって、主人を喜ばせることにしました。

④こうやって、一生暮らせれば、楽でいいと思います。

❷

①（私（ぼく）は魚です。）

②私は泳ぐのがおそく、いつも兄弟たちに笑われていました。

③ある日、大きな魚がやってきて、私は食べられそうになりました。その時、私は、おどろくほど速く泳ぎ、あっという間ににげ切ることができたのです。

④その日から、私は兄弟たちにばかにされなくなり、堂々と泳ぐようになりました。

第2章 作文がおもしろくなるコツ

練習問題

↓48ページ

【アドバイス】

❶「私は未来に行きました。」

「ホップ」「ステップ」「ジャンプ」「着地」のそれぞれのパートを意識しながら、書いてみましょう。どんなストーリーが良いか、先に簡単なメモを書いてみるのもおすすめです。特に、「ジャンプ」のパートが一番盛り上がるように考えます。未来にはどんなものがありそうか想像して、できるだけおもしろい展開を考えてみましょう。

　五〇〇字程度の作文なので、どんなに少なくとも、四〇〇字以上は書くようにしましょう。

❷「私は過去に行きました。」

　❶と同様のことに気をつけながら、想像をふくらませて書いてみましょう。歴史上の人物に出会って、歴史を変えてしまうような事件を起こしてもよいですし、子どものときの両親に出会う話や、過去の自分に会いに行く話でもおもしろいかと思います。人物に会ったときには、会話文を少し入れると、より生き生きとした作文になるでしょう。

　ただし、話をふくらませすぎて、「着地」に失敗しないよう、うまくまとめましょう。

第3章 作文をパワーアップさせるワザ

練習問題1

↓55ページ

【解答例】

❶五十年後の私はまだ独身で、気ままに生きているだろう。そのころ八十才ぐらいのお母さんに、まだ、だらしがないと言われてしかられているかもしれない。

❷ぼくは遠足が大きらいだ。／遠足に出かける前、私はかぜを引いていた。

練習問題2

↓57ページ

【解答例】

❶ワンワン、ニャーニャー。五十年後のぼくの家は、ペットでいっぱいだ。／「あなたは、まったくだらしがないわねえ。」きっと五十年後の私も、お母さんにそう言われているだろう。

❷プップー。バスの出発だ。／「雨のおそれがありますが、遠足は予定通り行うことにしました。」校長先生がそう宣言した。

練習問題3

↓59ページ

【解答例】

❶月から地球まで、片道で五時間かかる。一日に三十往復の定期便がある。もう、月は観光のための場所ではなくて、ふつうの国になっている。月には、たくさんの人が住んでいる。（※こうやって、五十年後の自分が、月に住んでいるということにして書く。）

❷私の父はおんちだ。母も、父ほどではないが、あまり歌が上手ではない。わが家は、一家で歌が苦手だ。だから、人前で歌を歌うことがない。（※こうやって、バスの中での歌に話を結び付ける。）

練習問題4

↓66ページ

【アドバイス】

第3章で学んだ、さまざまな作文をパワーアップさせるワザを取り入れてみましょう。おもしろい書き出しや、ドラマのように読み手の興味を引く展開を意識しましょう。

もし、そういったことをあまり意識せずに書いてしまった場合には、その作文をよりおもしろい作文にするには？という観点で、もう一度書き直してみましょう。同じ内容でも、ちょっとした書き方のちがいによって、印象は大きく変わりますから、ぜひいろいろな書き方に挑戦してみてください。

練習問題5

↓69ページ

【解答例】

❶まるで野球場（サッカー場・お城）のように

❷まるでごみ置き場のように／まるでどろ棒に入られた後のように

❸まるで船に乗っているように／まるでばく発が起きたように

❹まるで小さな女の子のように／まるでネコをこわがるネズミのように

❺まるで十年前のコンピュータのように／まるでうちのお母さんのように

練習問題6

↓71ページ

【解答例】

❶・ケタケタと笑った。
・笑いがこぼれてしかたがなかった。
・いつまでもにやにやしていた。

❷・ワーワーと大声を上げて泣いた。
・この世の終わりのように泣いた。
・鼻水がたれるのも構わず泣いた。

❸・満面に笑みをうかべて喜んだ。
・目を細めて喜んだ。

練習問題7

↓73ページ

【解答例】

❶初めてその家を見た、ぼくは。

❷だまってその家に入った、私のお父さんは。

③窓から見えてきた、不思議な家が。

④絶対にあきらめない、優勝するまでは。

⑤泣かないと決めていた、卒業式では。

練習問題8

→75ページ

【解答例】

ぼくたちが待っていたバンドがステージに上がってきた。みんな黒い服だ。すぐに走ってステージの中央に来た。演奏が始まった。初めの音にぼくはおどろいた。体中がしびれるような音だった。

練習問題9

→77ページ

【解答例】

❶庭には、黄色い小さなたんぽぽがさいていた。それは、雨にぬれて静かにかがやいていた。

❷町はあちこちで明るい色にかがやいていた。青々とした木々、真新しい家々、遠くには山が見えた。

第5章 読書感想コンクールに入賞する方法

練習問題

→112ページ

【アドバイス】

第5章で学んだテクニックを使って、よりレベルの高い読書感想文に挑戦してみましょう。自分が選んだ作品の感想を書くにあたって、どのテクニックが使いやすそうかを考えて、書いてみましょう。

第6章 小論文・記述式問題のコツ

練習問題

→122ページ

【解答例】

❶感情的すぎる。「大事な」「大切に」「素晴らしい」「許してはいけない」と感情的なことを書くばかりで、どうすればいいのか、どうすれば自然を守れるのかといった具体的なことが書かれていない。

❷体験をくわしく書きすぎている。そんなことよりも、どうすればいいのかを書くほうがよい。

❸比喩（たとえ）にたよっているだけで、少しも自然のことを書いていない。テクニックは使わないほうが良い。

入試問題

↓125ページ

【解答例】

問一　観光旅行に行くのはすでに知っているところに行くこと、旅に出るのは、未知の場所に足を踏み入れることであって、すでに知っているところに行くか、未知のところに行くかが違う。

問二　世界のことを何も知らない生まれたばかりの子どもたちにとって、毎日、すべてのことが未知と出会う旅だから。

問三　未知のものに囲まれているときには、いろいろなことが大変なことに思われるが、慣れてくると、当たり前のことになって存在に気がつかなくなるということ。

問四　いつまでも未知のものに出会って、心を揺さぶるものと向かいあって生きていきたいから。

問五　わが家には子犬がいる。週に三回、私が散歩に連れていく。そのたびに木に芽が出ているのに気がついたり、新しい家族が引っこしてきたりするのに気づく。犬がする初めての行動にもおどろくこともある。散歩するごとにいくつもの発見がある。このように、私は週に三回、小さな旅をしている。（一三五字）

問六　旅に出るということは、未知のものと接することだ。その意味で、生きることは、旅をし、毎日、冒険をすることだ。私は最後まで未知のものに出会って旅をしたいと思っている。私は冒険家と呼ばれることがあるが、生きていること自体が冒険なので、登山などをしただけで冒険家と呼ばれるのには違和感がある。（一四二字）

記述式問題の解き方

★設問の形式に絶対に従う

記述式問題では、設問の形式が絶対です。「なぜですか。」という問いでしたら、答えは「……から。」とします。「どういうことですか。」という問いになっていたら、「……ということ。」というふうに答えるのが原則です。

また、この他、「『これ』の意味を書きなさい」という問いの場合、答えが名詞ではない場合は、「……であること。」というように体言止めにします。

字数の指示も絶対です。指示の八〇パーセント以上書くのが原則です。できれば、九〇パーセントは書いてください。ふつう、句読点も字数に数えますので、そのつもりで。

もし、字数の指示がなかったら、答えがハッキリしているということです。だれが考えてもハッキリした答えが出るために、字数の指示がないわけです。解答用紙の解答らんを見れば、だいたいの見当はつくはずですので、それもヒントにして考えてください。

★大から小へと、整理して答える

記述の答えは、できるだけ整理して書くのが原則です。「理由」をたずねられて、その理由がいくつかあるときには、「第一の理由は、……、第二の理由は、……。」「まず○○の面から考えると、……だ。次に△△から考えると、……だ。」というように書きます。

また、こんな場合、初めに一番大事なことを言うと、書きやすいでしょう。そして、その後に重要な順番に説明を加えていくというスタイルで書くわけです。要するに、新聞記事と同じ書き方と思えば、わかりやすいはずです。

★全体のまとめは、短くするだけでなく、できるだけわかりやすく言いかえる

全体のまとめ、つまり要約は、少し難しい言い方をしている文章を、もっとわかりやすく変えながら、短くまとめるつもりで書くといいでしょう。文章の中から大事そうなところを取り出してつなげるだけでは、「まとめ」にはなりません。

ただし、気をつけてほしいのは、「まとめ」は、筆者になりかわって書くのが原則ということです。だから、「筆者は……と語っている。」と書く必要はありません。この文章では、筆者は「ぼく（私）」のことを書いていますから、筆者になったつもりで、「ぼく（私）」と書いてください。

★まとめは、最後の部分に目をつける

すべての文章がそうだというわけではありませんが、最初か最後の部分に全体のまとめがあることがよくあります。ですから、まとめの問題が出たら、文章の最後の二つか三つの段落に目をつけてください。そのあたりに大事なことが書かれているはずです。

文章というものは、ほとんどは最後のほうに、そうでなければ最初に、本当に言いたいことを書くものなのです。

★まとめは、二部構成で書く

まとめは二つの部分に分けて書くつもりでいると、書きやすいでしょう。字数が多いときには、段落を分けてもいいですが、字数が二〇〇字程度なら、一つの段落で構いません。

先に、後半に書く内容から説明しましょう。

後半には、文章の一番大事なところ（メインテーマ）を書きます。そして、前半に、そのメインテーマを言うために必要なことがらを書きます。

前にも説明したとおり、ほとんどの場合、メインテーマは最後の二つか三つの段落に書かれています。ですから、「まとめ」の前半には、文章の前半（文章の最初から四段落目ぐらいまで）を短く縮めます。そして、後半に、文章の最後の三つの段落を縮めるわけです。

こうすることで、文章の全体を短く縮めたことになります。